本気で取り組む災害食

個人備蓄のすすめと共助・公助のあり方

奥田和子
甲南女子大学名誉教授・日本災害食学会顧問

同時代社

はじめに

　2016年4月14日21時26分、熊本地震が突然襲ってきました。複数の断層に飛び火、拡大し、多くの人々を苦しませています。発災時あちこちで「食べ物がない、水がない」という叫びが連発され、20年前の阪神・淡路大震災（1995年1月17日）の痛みがよみがえってきました。あの苦々しい体験から得られた教訓はどのように生かされたのでしょうか。もう一度、自助、共助、公助の視点で食の状況を再確認する必要があるのではないかと痛感しています。

　食べ物と飲み水は命と健康を維持するカナメです。ここでは3つの視点から、どうすれば過去の教訓を生かすことができるか考えてみます。

　まず第1は、「自助の欠落——発災直後の食料と飲料がない」。
　発災直後の混乱から起こるストレスをいかに小さくするかが、減災の秘訣です。「自分の食料と飲料は自分で備蓄を！　分量は1週間分を！」という内閣府の呼びかけ（2013年5月28日）は、今日ではだいぶ定着していますが、この方針に従っている市民はどの程度いるのでしょうか。熊本地震で、備蓄した飲み物と食べ物（缶詰やレトルト食品など）を持ち出して避難所へ向かった被災者はどれほどいたのでしょうか。たとえば最大の被害を受けた益城町では、全壊したのは全世帯の2割強といわれています。全壊なら非常袋の持ち出しは不可能ですが、そうではない世帯は家を出るときに、出口

付近に用意しておいた非常持ち出し袋を持ち出すことができたでしょうか。

　発災後、健康被害が拡大しています。とくに水分は健康保持には不可欠です。せっかく助かった命も体内の水分が不足すると命取りになります。「自分の命は自分で守る」という意識を持って、ただ逃げるだけではなく、命をつなぐために飲み物を飲むことが重要です。この基本的な教訓がうまく引き継がれていないとすれば残念です。

　第2は、「共助——地域社会の"力合わせ"の取り組み」。
　避難所に持参した各自の食べ物と飲み物を互いに分け合い、命をつなぐという"助け合い"の行動です。自宅が全壊した被災者を被害の少なかった人々が面倒を見て助けるという共助の姿勢が必要です。特に災害弱者には入念な介助が求められます。地域社会で自主防災、自治会などのリーダーシップは発揮されたでしょうか。山積みの救援物資を分配する人が足りず避難所に届きにくいという点も指摘されていました。共に助け合うという基本的な行動が不十分なように思えます。自衛隊に飯炊を任せて長い行列を作って握り飯をもらうより、自衛隊には救命などの特殊技能をさらに発揮してもらい、可能であれば飯炊は地域住民が自分たちで行うのが望ましいと考えます。そのために、平時の避難訓練で結束して炊き出しの練習を十分にしておきたいものです。
　なかには各家庭から冷蔵庫内の食品を持ち寄って炊き出しをした避難所もありますが、停電で庫内温度が上昇している場合もあり注意が必要です。炊き出しには、十分な水、熱源、釜などの用具、冷

蔵庫などが不可欠で、不十分な場合には食中毒、感染症などを引き起こし2次災害につながりかねません。

　第3に、「公助──自治体の責務とは」。
　県や市町村は、事前に指定避難所に食料、飲料の備蓄をしていたでしょうか。もしそうであれば、それが役立ったはずです。道路が寸断され運搬が困難な場合を考えて、分散備蓄をしておきたいものです。各避難所には「なにが」「どれほど」備蓄されていたでしょうか。悲嘆にくれている被災者に、行政は食料と飲料をお見舞いとして差し出してほしいと思います。
　熊本県が県内全45市町村に災害救助法の適用を決めたのは、発災翌日（4月15日）と報じられています（内閣府防災担当ホームページより）。熊本県の全被災者に食料と飲料代として、1人1日1,110円の経費が補助される手はずになっていました。仕出し弁当を配るなり炊き出しのための補助をするなど食料と飲料を被災者に提供し、熊本県はそれを支払うことがとり決められています。しかし、それらしい形式での食事が被災者に提供されたのは、発災後かなりの日数が経ってからでした。行政は一刻も早く日常の食事に近い栄養的でおいしい食料を提供し、被災者の損なわれていく健康の回復に努める責務があります。

　自助、共助、公助がそれぞれかみあう努力を重ねなければ、度重なる災難に立ち向かうことはおおよそ不可能に近いという思いが込み上げてきます。
　本書が「思いを寄せ合う術」「うまく災害をいなす術」の一助に

なればと願っています。その意味で、日本に住むすべての居住者、企業人、地域社会を引っ張るリーダー、行政の危機管理者が一読してくださることを切に願うものです。

　熊本地震の復興を祈念しながら

奥田和子

本気で取り組む災害食
個人備蓄のすすめと共助・公助のあり方

目　次

はじめに……………………………………………………………………… 3

第1章
熊本地震が投げかける
災害食の問題点と教訓

1　熊本地震発災後3日間の飲食物供給状況………………………………… 11
2　発災直後の炊き出しが意味すること……………………………………… 14
3　炊き出しで食中毒が発生…………………………………………………… 19
4　益城町の炊き出し…………………………………………………………… 21
5　備蓄食料と水はどれほど被災地にあったのか…………………………… 24
6　政府の「プッシュ型支援」は役立ったのか……………………………… 28
7　今回の災害で見直された熊本市の備蓄量………………………………… 30
8　発災後の健康維持のために個人備蓄を…………………………………… 32
9　自助・共助を進めるために………………………………………………… 33
10　災害弱者向けの飲食料の備蓄……………………………………………… 35
11　避難所にようやく配給の弁当が届いた…………………………………… 36
12　まとめ………………………………………………………………………… 41

第2章

災害食とは
―― 選び方のポイント ――

1	なぜ食べ物を備えるのか…………………………………………………	43
2	災害食の3つのステップ…………………………………………………	44
3	災害食に求められる6つのポイント……………………………………	46
4	ステップ別おすすめ食品・メニュー……………………………………	48
5	置き場所と非常持ち出し袋の必要性……………………………………	49
6	飲み物＝水というカン違い………………………………………………	51

第3章

災害時に足りない野菜
―― 備蓄のコツ ――

1	災害時に最も食べたかったのは野菜……………………………………	55
2	災害時になぜ野菜が不足するのか………………………………………	57
3	時系列で考える野菜の備蓄のコツ………………………………………	58
4	1日の摂取量目安350ｇの野菜を備蓄するには ………………………	59
5	なぜ野菜の備蓄が必要か…………………………………………………	60

第4章
自治体に求められる飲食料備蓄とは

1　救援物資はなぜ同じような食料ばかり届くのか…………………… 63
2　自治体に求められる災害弱者向けの備蓄………………………… 66
3　離乳食の備蓄品はどのような基準で選べばよいか………………… 69
4　充実が望まれる高齢者向け介護食の備蓄………………………… 73
5　備蓄食品選びは管理栄養士が適任………………………………… 76

第5章
災害時の炊き出し準備
―― アルファ化米の活用法 ――

1　ご飯を炊けない人が増えている――マニュアルと訓練を ………… 79
2　手ぶらはおかしい避難訓練………………………………………… 80
3　釜でご飯を炊き、おにぎりをつくる訓練をしよう………………… 80
4　災害時に欠かせない"ご飯を炊く"食文化……………………… 83
5　こうすれば救援物資のアルファ化米は役立つ…………………… 84

おわりに……………………………………………………………… 105
参考文献……………………………………………………………… 107

第1章
熊本地震が投げかける災害食の問題点と教訓

1　熊本地震発災後3日間の飲食物供給状況

　熊本地震発災後3日間（4月15、16、17日）で被災者に供給された飲食物の内容を、熊本日日新聞の生活情報欄の記事などからまとめました（表1-1）。新聞で確認できた情報のみですが、3日間の状況をみてみましょう。
　飲食物の供給が明記されていたのは19市町村で、そのうち飲料（給水含む）のみの供給は7市町村でした。
　供給内容で備蓄品と思われるのは、非常用ミネラルウォーター、ペットボトル入りの水・お茶、保存食、アルファ化米（米を蒸して煮えた状態のまま水分を除いた乾燥米。アルファ米ともいう）、フリーズドライのかゆ、乾パンです。
　備蓄品ではないと思われるのは、おにぎり、菓子パン、パン、弁当、炊き出しで、これらは消費期限食品です。また、震度7の強震に2回も見舞われ余震が多発するさなかに、「炊き出し」の供給があったことに驚きます。

第1章　熊本地震が投げかける災害食の問題点と教訓

表1-1　熊本地震発災後3日間の飲食物供給の様子

[熊本日日新聞記事] 4月15日夕刊～4月17日朝刊の生活情報欄、記事からのまとめ

新聞掲載日	市町村	供給場所(*1)	飲料	食料	備考
4/15 朝刊	益城町	保健福祉センター	非常用ミネラルウォーター	—	14日午後11時20分
4/15 夕刊	熊本市	約220カ所の避難所	—	朝食(アルファ化米炊き込み御飯など)	15日早朝に供給。備蓄分では足りないので、支援物資が届いたら順次避難所に運ぶ
	益城町	16カ所の避難所	飲料水	保存食(乾パンなど)	15日午前7時に供給
	甲佐町	10カ所の避難所	飲料水	食料	
	嘉島町	複数カ所の避難所と役場	飲料水	食料	
	御船町	25カ所の避難所	飲料水	食料	
4/16 朝刊	熊本市	約200カ所の避難所	飲料水	食料	給水車で地域住民に飲料水を提供。支援物資受け入れ所に飲料水やおにぎりが集まる
	益城町	15カ所の避難所	飲料水	保存食	町商工会でも物資を配布しているが限りあり
	甲佐町	—	飲料水	食料	救援物資としても長持ちするパンなどを求めている
	嘉島町	1カ所の避難所	飲料水	弁当	今のところ物資は足りている
	御船町	20数カ所の避難所	×	×	食料などがなくなる。断水のため特に水が必要。ミルクを求める声も
	美里町	3カ所の避難所	給水	—	自衛隊が給水
4/16 夕刊	熊本市	約200カ所の避難所	ペットボトルの水、お茶、給水	おにぎり、パン	支援物資は続々と集まっているが、避難所に食料や飲料を届けるための人や車両が不足
	甲佐町	9カ所の避難所	ペットボトルの水(2L入)	パン、炊き出しおにぎり	
	嘉島町	町民会館前	飲料水	—	
	御船町	避難所など30カ所	1人18Lまで給水車で飲料水	菓子パン、フリーズドライのおかゆなど	

I　熊本地震発災後3日間の飲食物供給状況

			飲食物は避難所に各自持参を告知（できるだけ持参を含む）	
	八代市、玉名市等16市町（*2）	23カ所の避難所	飲料水	
	熊本市	12カ所の避難所	飲料水	食料
	益城町	9カ所の避難所	飲料水	炊き出し（おにぎり）
	甲佐町	町民会館前	—	食料など
	嘉島町	避難所など30カ所	飲料水	パンなど
	御船町	5カ所の避難所	給水	おにぎり
	美里町	6カ所の避難所など	給水	炊き出し、乾パン
	阿蘇市	4カ所の避難所と役場	飲料水、生活用水	—	自衛隊が炊き出し、給水
	産山村	10カ所の避難所	飲料水	食料	
4/17朝刊	高森町	村内	給水	—	自衛隊が給水
	西原村	本庁と支所	給水	—	
	山都町	3カ所の避難所	飲料水	—	
	玉東町	—	給水	—	
	菊池市	33カ所の避難所	給水	食料はなるべく持参	自衛隊などが給水
	大津町	11カ所の避難所	給水	昼食など配布、持参も呼びかけ	自衛隊などが給水
	菊陽町	市民体育館	給水（6カ所）	炊き出し（昼夜2回）	自衛隊
	宇土市	7カ所	給水	—	
	宇城市	8カ所	給水	飲食料は持参	自衛隊が給水
	人吉市	一部の避難所	飲料水	軽食	
	天草市				

—：不明
*1　供給は一部の避難所での場合もあり。
*2　八代市、玉名市、山鹿市、合志市、人吉市、菊陽町、大津町、芦北町、長洲町、氷川町、和水町、南関町、荒尾町、小国町、南小国町、津奈木町

さらなる驚きは、4月17日（発災3日目）に一部の行政が発信した「避難所へ来るときは飲食物や毛布などは各自持参（なるべく持参）すること」という指令です（4月17日「熊本日日新聞」19面）。該当は16市町で、この中には飲料の持参には触れず「食べ物だけ持参するように」というものもありました。

　各自治体が持参を促した理由は、4月17日1時25分に再び震度7の強震（本震）が襲い、被災者が避難所に押し寄せ対応が難しくなったためであるといいます。4月17日時点で県内に避難所をもつ市町村は35あり、そのうち約46％が上記の指令を出したことになります。

　しかし、上記の事柄は斬新でありますが、当然のことです。自分の食べ物は本来自分で準備するのが好ましい。とくに大災害時の混乱状態の中、安心、安全につながる見事な施策だったと声を大にして褒めたいです。

　発災後3日間の飲食物をだれが供給したのか記事では不明部分が多いのですが、自衛隊による供給が明記されていたのは、阿蘇市、西原村、菊池市、大津町、菊陽町、宇土市、宇城市、美里町でした。

2　発災直後の炊き出しが意味すること

　熊本日日新聞に炊き出しの記事が初めて出たのは、発災3日目（4月16日）です。記事によると、発災2日目（4月15日）の午後6時40分ごろに益城町の避難所でボランティアによるカレーライスの炊き出しがおこなわれています。またそれ以降も数日間の間に熊

2　発災直後の炊き出しが意味すること

本日日新聞には多数の炊き出し関連の記事が出ています。以後の炊き出し記事を拾って表1-2にまとめました。

　この迅速な行動を「感心だ」と思う人は多いでしょうし、もちろん炊き出しをおこなった方々の誠意は素晴らしいものです。しかし、発災直後はまだ強い余震が続き、ライフラインも途絶え、火災や怪我の心配もあり、炊き出しをするには適切な環境ではないともいえます。

　このような状況で炊き出しをおこなった大きな理由には、周囲に食べ物がないためやむを得ずということもあったでしょう。このことは、災害時における備蓄の大切さとその供給方法の見直しを改めて問いかけているのではないでしょうか。

　炊き出しは大部分が避難所で、それ以外には町角やホテル、飲食店などでおこなわれました。実施者として最も多いのはボランティア（個人、団体、グループ）で、次いで飲食店の経営者や各種団体、コープ生協、村の職員と続きます。ボランティアでは、ネパール地震の際に助けられた恩返し、福島からの恩返し、商店街から地域住民・お客様への日頃の恩返しといったものが多数ありました。また、住民による任意組織（PTA、中高生、自治会、地元商店街、避難所住人など）も多く、住民が手作りでお互いを励まし合う様子が伺えます。

　食材の調達は基本的には自己負担のため、避難者数が多いだけに相当高額になりますが、新聞記事では自治体からの災害救助金の補助による事例は見当たらず、寄付によるものが多く見られました。たとえば、コープ生協の場合は40万人の組合員の寄付でまかなわれ

第1章 熊本地震が投げかける災害食の問題点と教訓

表1-2 炊き出し、食事提供関連の記事
「熊本日日新聞記事」4月15日夕刊～6月2日朝刊の生活情報欄、記事からのまとめ

実施日	場所	実施者	メニュー	備考
4月15日	益城町の避難所	ボランティア	カレーライス	
4月16日	甲佐町の避難所	不明	おにぎり	
4月16～19日	阿蘇町一の宮町の街の一角	商店主らによる会	不明	1日2回実施。食材は持ち寄り
4月17日	熊本市中央区のホテル	ホテル	おにぎり、味噌汁	
	阿蘇市の避難所	自衛隊	不明	
	甲佐町の避難所	不明	おにぎり	
	宇土市の避難所	市と自衛隊	不明	
	益城町の広場	NPO法人、玉名市のボランティア	おにぎり、豚汁	500食
	熊本市北区の小学校	保護者による会	おにぎり、おじや	地元住民に米の提供を呼びかけ1人1個。米はツイッターで呼びかけて集めた
	熊本市西区の総菜店	総菜店	おにぎり	600食
4月18日	益城町の広場	NPO法人	ラーメン	
	熊本市中央区の国際交流会館（避難所）	ボランティア	おにぎり、味噌汁	外国人避難者40人のために
	益城町の避難所	牛丼チェーン	牛丼	
	阿蘇市の避難所	自衛隊	不明	
4月19日	熊本市の小学校	不明	おにぎり、汁物	
	西原村の避難所	牛丼チェーン	牛丼	
	不明	カレーチェーン	カレーライス	キッチンカーで約1000食提供
4月20日～月末	熊本市の店舗、小学校など	長崎ちゃんぽんチェーン	長崎ちゃんぽん	移動販売車4台で提供
4月21日	熊本市のアーケード	不明	焼き肉	移動販売車で提供
	益城町の児童養護施設	ボランティア、避難所スタッフ	カレーとりんご	鹿児島からの黒毛和牛

2　発災直後の炊き出しが意味すること

日付	場所	実施主体	メニュー	備考
4月23日	御船町の避難所	熊本YMCAの個人ボランティア、被災者	野菜サラダなど	被災者の食の自立を助ける支援として
4月23日	熊本市中央区の子ども食堂	子ども食堂運営会社のボランティア	お弁当など	県内外の市民団体からの支援物資をもとに、発災直後から炊き出し、弁当等を提供。被災母子の支援拠点に
4月23日	西原村の避難所	村の職員がリーダーを務める、避難住民が役割分担	肉じゃがなど	炊き出し班を立ち上げ300食を作る。食材は避難者の持ち寄りと支援物資。本格的な支援が来るまでは住民たちの自力で
4月26日	益城町と熊本市の避難所	ネパール人団体40人	カレー	ネパール大地震での支援の恩返しとして2400食
4月26日〜5月7日	益城町の公民館	全国有名料理人らでつくる全日本・食学会の料理人50名	牛丼、スパゲッティ、豚汁など	キッチンカーで12日間、昼夕に400食ずつ提供
4月28〜29日	益城町と熊本市の避難所	福島のボランティア団体	芋煮	
4月28日	熊本市中央区の小学校	九州のちゃんぽん協議会	ちゃんぽん	1000食
4月28日	熊本市西区の病院駐車場	病院と中高生ボランティア	バーベキュー	近所の親子ら370人に提供。食材は鹿児島からの豚肉100kgなど、県内外からの寄付
4月29日〜	益城町の熊本産業（避難所）	グリーンコープ生協くまもと。福岡・長崎の組合員	カレーライス、ヨーグルト、お弁当、漬け物、肉そぼろ丼、野菜スープ、サラダ、フルーツなど	約1ヵ月間、毎日夕食を提供。週6日は弁当、土曜のみ炊き出し。資金は組合員40万人からの寄付。その後も継続的に実施
4月30日〜7月末（予定）	山鹿市の旅館・ホテル	山鹿市の観光、福祉、商工などの各団体が連携	馬肉丼など	益城町の避難所住民を毎回50人ずつで送迎し、食事提供の他、大浴場の無料開放、洗濯代行などを実施
4月30日	熊本市東区の商店街	天草市の商店街振興組合と漁協	たいめし、あおさ汁、ぶりの切り身焼き	各500食

第1章　熊本地震が投げかける災害食の問題点と教訓

実施日	場所	実施者	メニュー	備考
5月6日	熊本市中央区の小学校（避難所）	自治会中心	おかかおにぎり、白おにぎり、野菜炒め、サラダ、プチトマト、リンゴ、スイカ	昼食に提供。同日午後、食中毒が発生し23人搬送
5月8日	熊本市西区の体育館	福岡市のフランス料理店の総料理長とボランティア	カレーライス	400食
5月12日	阿蘇市の中学校	PTA母親10人	簡易給食（パンと牛乳）に豚汁を炊き出し	300食
5月21日	宇城市の避難所	東京在住のトルコ人団体6人	トルコ料理（牛肉のケバブ、バターライス、レンズ豆のスープなど）	
5月21日	大津町の公民館	大津町消防団の団員20名と飲食店スタッフ	エビフライカレー、温野菜、フルーツポンチ	30食
5月25日	益城町の小学校	保護者25人	簡易給食（パンと牛乳）にカレーと豚汁を炊き出し	カレー800食、豚汁150食
5月28日〜	益城町の保健福祉センター	熊本の大学生ボランティア	コーヒー、紅茶、オレンジジュース、お菓子など	費用は大学が集める義援金から。毎週土曜・日曜にオープン
5月28日	南阿蘇村のカフェ	南阿蘇村の住民有志十数人	有機野菜などのカレー、炊き込み御飯など	300食
6月1〜3日	阿蘇市の7つの小中学校	JA阿蘇女性部員25名	簡易給食（パン、牛乳）にカレーを炊き出し	3日間で2000食
6月1日	益城町の小中学校	益城町が県内弁当業者3社と契約	簡易給食に代わりお弁当（米飯、メンチカツ、カボチャサラダ、めんたいこスパゲティなど）を提供	

ました。

　また、炊き出しに関して市民が自主的に参加した様子が印象的でした。炊き出しを食べた人々からは、「おにぎりや菓子パンという同じ食べ物ばかりで飽きていたので嬉しかった」「おいしかった」「歓びと感謝」などといった感想が出ていました。

3　炊き出しで食中毒が発生

　そのような中、5月6日に熊本市中央区の避難所で、避難者らが嘔吐や下痢の症状を相次いで訴えました。市の保健所は9日、避難所で配られた「おかかおにぎり」による集団食中毒と断定したと発表。有症者の便や残ったおにぎりから食中毒を引き起こす黄色ブドウ球菌が検出されたといいます。

　保健所によると、おにぎりは区内の居酒屋の男性従業員が6日朝に店内で握り、ボランティアとして避難所に持ってきたものでした。発泡スチロールの容器に温かいまま保存していたため、何らかの原因で混入した黄色ブドウ球菌が増殖したとみています。避難者ら43人が食べ、うち6〜84歳の男女計34人が症状を訴え21人が一時入院しましたが、その後全員が快方に向かいました（5月9日「朝日新聞DIGITAL」）。

　炊き出しは、おいしいだけに人々のこころと体を和ませ癒します。しかし、ライフラインが停止している最中、素手で料理をすることの危険性は大きく、細心の注意が必要です。自治体によっては、保健所経由の炊き出しでの「おにぎり」は衛生的見地から許可され

第1章　熊本地震が投げかける災害食の問題点と教訓

写真1-1　派遣栄養士による炊き出しの衛生状況監視循環の様子（撮影：大和重工KK社員）

ない品目の一つとされている場合もあります。行政の監視を厳しくする必要がありますが、混乱時にはとても目が行き届きません。しかし、この食中毒の発生で、被災地の炊き出し現場では衛生面に強い関心が向けられました。

　私は、広島の大和重工KK社員10人が5月8、9日に益城町でおこなった炊き出しに同行させてもらいましたが、現にその最中に衛生状況の監視巡回として、熊本県保健師と徳島県からの派遣栄養士が別々に来訪しました。写真1-1は、炊き出しの現場を徳島県の派遣栄養士が監視巡回する様子です。事前に炊き出し参加者の名前や健康状態を各人が自筆で記入するという徹底ぶりでした。職員が少ない中で衛生への気遣いが感じられ、今後も見習うべき取り組みです。

4　益城町の炊き出し

　益城町は人口約3万4,000人、今回の地震で2度も震度7に襲われ住宅の多くが全壊し、人口に対する避難所生活者の割合が最も多い町です。

　5月9日、益城町役場を訪れ物資班の担当者と面談し、炊き出しの資料を入手しました。発災5日目の4月19日～5月11日の23日間の炊き出し記録を表1-3、1-4に示します。

　炊き出し件数は186件で、熊本市に次いで多くなっています。炊き出しの内容は、ひとくくりに出来ない多様な食べ物・内容不明が40.3％で、これを除くと、1位は主食34.9％で内訳は麺類、ご飯ものの順に多く、2位は汁物、飲み物。3位はおかずもので8％で、そのうちタンパク質系が4.8％、野菜系は3.2％と少なくなっています。4位は中間食・おやつで5.4％でした。

　炊き出しを提供した時間は、昼食時が最多で52.6％、夕食31.2％、朝食16.1％でした。

　炊き出しには燃料が不可欠ですが、熊本ではプロパンガスが品不足になり入手しにくかったようです。燃料の事前の備蓄が望まれます。

　また東日本大震災では、津波で浸水が引かないため炊き出しが困難でした。今後南海トラフ巨大地震が想定されますが、広域災害になるといわれており、外部からの炊き出し部隊を期待するのは難しいのではないでしょうか。

　発災後約1週間から2週間は、備蓄食品でしのぐ覚悟が必要だと

第 1 章　熊本地震が投げかける災害食の問題点と教訓

表1-3　熊本市益城町炊き出しメニューの分類と提供回数
2016年4月19日～5月11日までの23日間の記録

分類	メニュー詳細	朝	昼	夕	回数	合計に対する%
ご飯もの	ご飯		1		1	
	おにぎり	1		2	3	
	牛丼・丼	1	2	1	4	
	焼き肉丼かしわ飯		1	2	3	
	ローストビーフ丼			1	1	
	鮭の混ぜご飯	1			1	
	雑煮		1		1	
	カレー		3	6	9	
	小計	3	8	12	23	12.40%
パン類	パン	2			2	
	パンケーキ	1	1		2	
	ドーナツ		6		6	
	小計	3	7	0	10	5.40%
麺類	らーめん		5	6	11	
	焼きそば		2	1	3	
	うどん		8	4	12	
	にゅう麺		1		1	
	カップヌードル		2	1	3	
	パスタ		1		1	
	そば			1	1	
	小計	0	19	13	32	17.20%
	主食合計	6	34	25	65	34.90%
汁物（飲み物）	豚汁	2	5	5	12	
	スープ			1	1	
	貝の汁		1		1	
	吸い物			4	4	
	コーヒー	1	1	1	3	
	小計	3	7	11	21	11.30%

4 　益城町の炊き出し

分類	メニュー詳細	朝	昼	夕	回数	合計に対する%
おかず・タンパク系	焼き鳥		2		2	
	ウインナー		1		1	
	から揚げ		3	1	4	
	おでん		1		1	
	鶏肉料理		1		1	
	小計	**0**	**8**	**1**	**9**	4.80%
おかず・野菜系	トマト	1			1	
	ポテト			1	1	
	北斗鍋			1	1	
	塩チャンコ鍋			1	1	
	芋煮		1		1	
	野菜たっぷりスープ	1			1	
	小計	**2**	**1**	**3**	**6**	3.20%
中間食・おやつ	たこ焼き		4		4	
	アイス		1		1	
	ぜんざい		1		1	
	大判焼き		1		1	
	ピザ			1	1	
	わた菓子		1		1	
	かき氷		1		1	
	小計	**0**	**9**	**1**	**10**	5.40%
その他	炊き出し	3	4	1	8	
	大分屋台終日		18	1	19	
	1日炊き出し	1			1	
	キャンパー炊き出し	15	15	15	45	
	チームひととき		1		1	
	おかず		1		1	
	小計	**19**	**39**	**17**	**75**	40.30%
	合計	**30**	**98**	**58**	**186**	**100%**
	%	16.1	52.6	31.2	100	

※益城町役場物資班担当者に面談のうえ、5月9日に入手した資料をもとに奥田作成

第Ⅰ章　熊本地震が投げかける災害食の問題点と教訓

表1-4　熊本市益城町炊き出しメニューの分類別提供回数と割合
2016年4月19日～5月11日までの23日間の記録（表1-3のまとめ）

分類	朝	昼	夕	合計	%
ご飯もの	3	8	12	23	12.4
パン類	3	7	0	10	5.4
麺類	0	19	13	32	17.2
汁物・飲み物	3	7	11	21	11.3
おかず・タンパク系	0	8	1	9	4.8
おかず・野菜系	2	1	3	6	3.2
中間食・おやつ	0	9	1	10	5.4
その他	19	39	17	75	40.3
合計	30	98	58	186	100
%	16.1	52.6	31.2	100	

※益城町役場物資班担当者に面談のうえ、5月9日に入手した資料をもとに奥田作成

思います。他力では乗り越えにくいのです。本気で備蓄に取りかかりましょう。

5　備蓄食料と水はどれほど被災地にあったのか

　熊本県と隣接する九州6県、山口県、沖縄県は、災害時の相互応援協定を結んでいます。この9県とその県内の市町村それぞれの飲食料備蓄状況（2014年4月～2015年10月）を表1-5に示しました。
　熊本県は人口180万人を抱えていますが、県では食料は2万食しか備蓄していません。その内容は乾パン、保存パン、アルファ化米で、そのうち約75.9％を乾パンが占めています。一方、熊本県内の

市町村は合計で83万食備蓄しています。そのうち97％は主食であり、その81％が米です。たしかに米は主食として優れていますが、発災直後の食料としては以下の理由などから不向きです。
・ライフラインが停止していて、手が洗えないなど不衛生。
・余震の最中の炊き出しは、火災、けがなど危険性が大きい。
・米を炊くには水、燃料、釜、人手、炊飯技術などが必要であるが、事前の準備や訓練がされていない。
・ご飯を入れて食べる容器がない（おにぎりの炊き出しは衛生的観点から保健所では不許可としている自治体もある）。

　阪神・淡路大震災では、米の救援物資はほとんど手付かずで利用できませんでしたが、その教訓が全く生かされていないといえます。
　そもそも、発災直後の混乱期に「ご飯を炊く」という発想は払拭しなければなりません。すぐ食べることができないからです。米にこだわるのなら、米を加工したアルファ化米——災害食を備蓄するべきです。これは熊本県だけの問題ではなく、災害協定を結ぶ他の8県の備蓄状況からも同じ傾向が読み取れて、とても残念です。
　備蓄食料の内訳が主食に偏っているのは仕方がないにしても、備蓄食料総数に占める米の比率が高い市町村（沖縄県95％、大分県93％、山口県63％、福岡県62％）は、発想の転換が求められます。鹿児島県の市町村が唯一米の備蓄をせずに、主食はアルファ化米と乾パンとなっています。
　もう一点、主食の備蓄に関する問題は、乾パンの比率が多いことです。総備蓄量に占める乾パンの比率が高い市町村は、長崎県

第1章　熊本地震が投げかける災害食の問題点と教訓

表1-5　熊本県が災害協定を結ぶ9県およびその市町村の備蓄状況

(単位：食数)

	熊本県 県	熊本県 市町村	熊本県 合計	福岡県 県	福岡県 市町村	福岡県 合計	佐賀県 県	佐賀県 市町村	佐賀県 合計
アルファ化米	2,500		2,500			0			0
保存パン	2,928		2,928			0			0
乾パン	17,100	117,836	134,936	18,000	6,735	24,735		36,647	36,647
インスタント麺		323	323			0			0
米 (kg)		98,911	98,911		3,459	3,459	808	3,254	4,062
飯に換算：食		659,407	659,407		23,060	23,060	5,387	21,693	27,080
主食合計に対する飯の食数の比率(%)	0.00%	81.80%	79.60%	0.00%	62.60%	42.10%	100.00%	36.80%	42.10%
主食缶詰		28,200	28,200		7,028	7,028		654	654
主食合計	22,528	805,766	828,294	18,000	36,823	54,823	5,387	58,994	64,381
副食缶詰		23,196	23,196		11,978	11,978		2,785	2,785
レトルトカレー		0	0		0	0			0
飲料水 (ℓ)	2 L 7500本	166,219	181,219		45,795	45,795		58,154	58,154
確認日	H27年8月			H27年8月			H27年10月		
人口 (千人)	1,801			5,090			840		

	長崎県 県(*2)	長崎県 市町村	長崎県 合計	大分県 県	大分県 市町村	大分県 合計	宮崎県 県	宮崎県 市町村	宮崎県 合計
アルファ化米		0	0	74,000		74,000			0
保存パン		0	0			0			0
乾パン		17,666	17,666		9,736	9,736		11,352	11,352
インスタント麺		0	0		300	300			0
米 (kg)		548	548		20,657	20,657	832	11,838	12,670
飯に換算：食		3,653	3,653		137,713	137,713	5,547	78,920	84,467
主食合計に対する飯の食数の比率(%)	0.00%	16.40%	16.40%	0.00%	93.10%	62.10%	74.30%	43.20%	44.40%

26

5 備蓄食料と水はどれほど被災地にあったのか

	鹿児島県			沖縄県			山口県		
	県	市町村	合計	県	市町村	合計	県(*2)	市町村	合計
アルファ化米		92,625(*1)	92,625	85,440	73,971	159,411	0	0	0
保存パン	5,040		5,040		2,187	2,187		20,888	20,888
乾パン								100	100
インスタント麺								5,947	5,947
米 (kg)					373,931	373,931		39,647	39,647
飯に換算：食					2,492,873	2,492,873			
主食合計に対する飯の食数の比率（％）	0.00%	0.00%	0.00%	0.00%	95.80%	92.70%	0.00%	63.70%	63.70%
主食缶詰					33,864	33,864	0	1,584	1,584
主食合計	5,040	92,625	97,665	85,440	2,602,895	2,688,335	0	62,219	62,219
副食缶詰					18,242	18,242		906	906
レトルトカレー									
飲料水（ℓ）	0		0	46,044	252,595	298,639		41,444	41,444
確認日	H26年4月	H27年8月		H27年8月	H27年8月		H27年10月	H27年10月	
人口（千人）	1,680			1,415			1,420		

主食缶詰		1,016	1,016		108	108	1,920		
主食合計		22,335	22,335	147,857	74,000	221,857	7,467	182,623	190,090
副食缶詰		0	0		4,958	4,958			
レトルトカレー		0	0		51,300	51,300			
飲料水（ℓ）		35,226	35,226		74,110	74,110	46,044	95,918	141,962
確認日		H27年8月			H27年8月		H27年8月	H27年8月	
人口（千人）	1,397			1,178			1,120		

＊1 アルファ化米と乾パンの合計値
＊2 現物備蓄なし
※青山貴洋『地域の食料安全保障 2016』巻末表1より抜粋

79％、佐賀県62％です。今回、避難所で配られた乾パンは喜んで受け入れられたでしょうか。被災者が喜ぶ備蓄品ではなく保存期間が長いことを優先させてはいないでしょうか。市民の側に立って、より適切な発災時に役立つ備蓄食品を選んでほしいと思います。そのためには、以下のような点も考慮に入れていただきたいものです。

・水や熱源とは関係なく封を切ってすぐ食べられる食品であること。たとえばカップ麺は熱湯（水と熱源）が必要なので不適切。
・個々人に配りやすい1食単位に包装した食品。
・特定の場所や1カ所に集中備蓄せず、道路事情が悪化しても分配可能なように各避難所に分散備蓄する。

なお、飲料水の備蓄は、人口180万人の熊本県の場合2Lのペットボトルが7,500本で、240人に1本の割合となります。市町村の備蓄も加えると約18万Lで、1人分は100mL＝コップ半分です。自分の飲み物は自分で準備が必要です。

6　政府の「プッシュ型支援」は役立ったのか

4月19日に次のような記事が出ました。

「今日中に58万食、県内へ。河野太郎防災担当相は19日の閣議後会見で、政府が用意したおにぎりやカップ麺など58万食が同日中に、県内の避難所や自治体の集積地に届くとの見通しを示した。自衛隊が物流業者と協力し、ヘリコプターやトラックで避難所へ持ち込む。20日以降も1日平均30万食を送り、計180万食届ける」（4月

6　政府の「プッシュ型支援」は役立ったのか

19日「熊本日日新聞」夕刊１面）。

　政府が熊本地震被災地へ物資を送る「プッシュ型支援」（被災自治体からの要請を待たずに水や食料などを各地から調達して被災地へ送る支援方式。４月16日午後発表）は、結果的にはあまり役立たなかったといわれています。なぜなら、大急ぎで送ったのはよかったのですが、支援物資の第一集積場所（熊本市東区「うまか・よかなスタジアム」）では人手不足などで受け入れ態勢が追いつかず、荷降ろしができない大型トラックの長蛇の列と道路寸断による幹線渋滞が起こり、避難所までの配送が大幅に遅れたからです。

　避難生活者は発災後３日間、最も飲み物と食べ物を欲したのではないでしょうか。このような支援物資は、直後３日間の混乱期に役立つものであってほしいと思います。

　また、プッシュ型支援で送られた物資の内容を表1-6に示しましたが、一見して不適切な食品が多く驚きます。すなわち、ライフラインの停止状態を考えると、カップ麺は熱水が必要、米はガスと水が停止状態のため炊飯不可能、おにぎりは消費期限が切れる、バナナは品質が低下するなど、９食品のうち４食品が不適切といえます。

　廃棄処分に苦労したり食料の無駄が起こらないように、知恵を使いたいものです。あらかじめ自治体側も救援物資の受け入れ態勢（複数の場所設定、分散受け入れと効率的な収納法、人手不足の解消、避難者が自主的に受け取る方法など）を構築しておく必要があるでしょう。

表1-6 政府がプッシュ支援で送った飲食物

内容	数量
カップ麺	60万食
パン	57万食
缶詰	36万食
レトルト食品	33万食
パックご飯	30万食
おにぎり	23万食
栄養補助食品	14万食
米	126トン
バナナ	16万本
水	24万本
清涼飲料水	21万本

※2016年5月25日付「熊本日日新聞」1面記事より作成

7　今回の災害で見直された熊本市の備蓄量

　熊本市（人口73万4,000人）の災害直後の混乱の様子を伝える、次のような記事があります。
　「4月16日午後、熊本市役所。市災害対策本部で、各区の避難所の現状が報告された。『水がなく、用意されたカップ麺が配れなかった』『トイレの数が全然足りません』——。
　前震と本震、2度の激しい揺れに見舞われた市内では、数日間、物資配布など支援の現場も混乱していた。
　『家族でおにぎり1個しかもらえなかった』。配給の様子をインターネットの会員制交流サイト（SNS）に書き込む人もいた。情報

は瞬時に駆け回り、食料が配られた避難所と、配られなかった避難所の存在を明らかにした。公平であるべき支援の"格差"に、市民は不満や不安を募らせていった。

　市内の避難者数は17日、把握できただけで10万8千人を超えていた。市地域防災計画の想定の約2倍。指定避難所171カ所以外の場所や車中泊の避難者数は、調べる手段もなかった。

　物資を求める声から把握した避難所数は最大253カ所。市は全職員を市役所に招集して配置を決める予定だったが、職員も被災して安否確認もままならず、全避難所に職員を配置できなかった。（中略）

　物流網も破綻した。うまかな・よかなスタジアム（東区）に物資を集積し、各区の配送拠点を経て避難所に届ける方式が原因だった。搬入・搬出の人手不足の上、建物や道路の被災で幹線道路も渋滞。配送車両も不十分でおにぎりが夜中に届いたところもあった。（後略）」（5月22日「熊本日日新聞」25面　熊本地震　連鎖の衝撃　避難編②）。

　熊本市の大西一史市長は5月8日の記者会見で、地域防災計画を見直し、食料備蓄量をこれまでの3万6,500人分から20万人分に大幅に増やすことを明らかにしました。

　新聞記事によると、「熊本市は市地域防災計画で約3万6,500人の避難者を想定し、2日分の水や非常食などを備蓄している。今回の地震で、市は4月14日の前震後から備蓄品の提供を開始したが、16日未明の本震で避難者が最大11万人に上ったため、一時物資が不足する事態を招いた。大西市長は『避難者だけでなく、自宅に留まっ

た被災者も多かったことを考慮し、20万人分の備蓄を設定した』と話した」（5月9日「熊本日日新聞」3面）。

　今回の地震で備蓄食料と飲料水を大幅に増やすことは結構なことです。しかし、問題はその中身です。はたしてそれらは市民のこころと体を癒すものかどうか、被災者が喜ぶものかどうか、十分吟味していただきたい。住民のニーズの把握が足りません。

　また一方で減災・防災条例をぜひお考えいただきたい。大阪市は2015年2月にこの条例を制定しました。つまり、行政がどう頑張っても行政だけで災害を乗り越えるには限界があるからです。条例は市、市民、事業所の責務と役割を定義しています。市内に住むすべての人は1週間分の食料と飲料水を各自備蓄すること、これは責務であるといいます。もっといえば、
〈自助〉　自らのことは自らが守る
〈共助〉　地域においてお互いに助け合う
〈公助〉　行政が市民および事業者などの安全を確保する
というものです。

　災害時は非常事態、緊急事態です。行政に全面的に頼るやり方では通用しないことが、これまでの体験から学習済みだからです。

8　発災後の健康維持のために個人備蓄を

　発災前の熊本県のホームページには、市民が健康推進に励む様子が伺えました。規則正しい食事をし、栄養のバランスを考え、体脂肪、糖尿病、高血圧、コレステロールなどに最大限の注意を払いな

がら暮らしています。運動も1日1万歩、ラジオ体操、ヨガ、ストレッチ体操などと配慮しています。災害はこうした日々の積み重ねを容赦なく御破算にします。並大抵の努力では回復させるのは難しく、日頃つちかった健康は災害によって一気に崩れるのです。

避難所に身を寄せた人へのアンケート（共同通信が実施、熊本市、益城町、南阿蘇村など被災5市町村の避難所で調査。対象者100人）では、体やこころに不調があると答えた人は過半数にのぼります（4月27日「熊本日日新聞」3面）。「必要なモノは？」という質問に対しては、「入浴、衣類、食料」が多くあげられました。

余震の頻発による睡眠不足、ストレス、免疫力の低下、持病の悪化などによって引き起こされる健康被害を食い止めるには、日頃から減災にたいする手立てを各自が考え、防御策を講じる必要があります。

個人備蓄こそが発災後の健康維持のために有効な手段なのです。食べ物と飲み物を身近に置いておき、自分の健康は自分自身で守るという意識を皆さんに持っていただきたいと強く思います。とくに持病のある方、乳児、幼児、高齢者は、健康な人以上に気配りが求められます。自助の根底には個々人の健康の確保という狙いが大きいのです。

9　自助・共助を進めるために

以下は、5月15日付の読売新聞1面に掲載された連載記事「連鎖地震　課題（中）避難者あふれ対応混乱」に私が寄せた言葉です。

第1章　熊本地震が投げかける災害食の問題点と教訓

　「(各避難所での備蓄は不可欠とした上で) 住民も水や食料を備蓄し、避難所に持って行くぐらいの自助の意識を持つべきだ。災害時に行政が人手不足になるのは当然。住民の共助で避難所運営ができる仕組みも必要だ」
　この住民の自助（共助）を進めるため、さらに次の通り提言します。

①「行政から被災者へ」「救援物資集積場から被災者へ」という分配の流れを逆方向にできないものか。避難所では誰かに配分してもらうのではなく、自主的に集積所に出向き必要なモノを入手する積極性と、それを許容する仕組みを構築する。そうすれば迅速な分配が可能になる。
②避難所住民は、にわかにできた大きな寄りあい世帯である。統括者（リーダー）のもと自主的に役割分担を決め、各自責任をもって担当する。炊き出しは、ヒト、モノ、情報、金銭等の管理ができるように分担して運営する。
③発災前に地域住民で、いつ、だれが、どの場所で、何をするかを決め、シミュレーションと訓練をおこなう。行政には事後連絡をするにとどめる。3日間の間におこない、「避難所連合」を結成し、統一化する。
④避難所連合は「飲食物係」として、食べ物に関する「ヒト、モノ、情報、総合管理」の4分野を各市町村単位で自主的に情報交換。市民が公平で快適な避難生活が送れるように気配りする。
⑤個人からの支援物資は多種多様で仕分け負担になるため受け付けない（地元商店の商品が売れなくなり地域経済復興の妨げになる

点も指摘されている）。

10　災害弱者向けの飲食料の備蓄

　災害弱者（正式には災害時要援護者）とは、災害が起こった際の情報収集や避難行動が困難な人を指し、具体的には、乳幼児、高齢者、障害者、傷病者、妊婦、慢性疾患者、アレルギー体質の人、日本語が十分に理解できない外国人、その地域の地理に詳しくない観光客などが当てはまります。本書での「災害弱者」は、その中でも特に、一般に通常出回っている成人向け飲食物の摂取に制限がある人（飲食物災害弱者）のことを示しています。

　これまで自治体は、一般の成人向けの食べ物、たとえばアルファ化米、乾パンなどを主体に備蓄しており、災害時に最も困っているといえる災害弱者向けの備蓄はかなり手薄でした。理由は明確ではありませんが、財政難、質より量、賞味期間の長さなどの課題があったためかと思われます。

　熊本地震の際には、それらの食べ物が足りずに困っている人が大勢いるという新聞記事を多数目にしました。行政は即刻福祉国家にふさわしい備蓄に取り組んでいただきたいと思います。

　南海トラフ巨大地震を想定し、災害弱者のための備蓄の充実を検討している自治体もあるでしょう。公的機関——自治体、幼稚園、保育所などが公的資金で食品を購入し備蓄する場合、経済効率を優先し最小限度の数量しか備蓄されないのではないかとも懸念されます。具体的にどのように備蓄すればよいか２章で述べますので、参

考にしていただきたいと思います。

11　避難所にようやく配給の弁当が届いた

　「熊本市・避難所　ようやく弁当に」という見出しの記事が出ました（5月27日「熊本日日新聞」30面）。5月26日の夕食から避難所住民に弁当が配られたといいます。発災後約1カ月と2週間が経過していました。

　記事によると、この日、熊本市では2,000食の弁当を用意し、避難者に配り歓迎されました。それまでは、おにぎりやパン、カップ麺が中心で、おかずに魚の缶詰などが添えられ、朝食に野菜ジュースが出ることもありました。ある避難者は血糖値が高いのでコンビニでサラダを買い栄養が偏らないように自衛してきたといいます。弁当を配る以前は、前日各避難所から上がってくる配送依頼に基づいて、おにぎりやパン、支援物資の中から缶詰、カップ麺、アルファ化米などを用意し、依頼通りに避難所に届けるというやり方でした。

　なぜ急に弁当が支給されるようになったかといえば、災害救助法の適用が実施にこぎつけたからです。そもそも熊本県が県内全45市町村に災害救助法の適用を決めたのは、発災翌日（4月15日）と報じられています（内閣府防災担当ホームページ）。つまり、熊本県の全被災者に対して1人あたり1日1,110円が食料と飲料代として補助される手はずになっていました。仕出し弁当を配ったり炊き出しをしたりという形で食料と飲料を被災者に提供した場合、国がそ

11　避難所にようやく配給の弁当が届いた

の費用を支払うことがとり決められていたのです。

　しかし、多くの弁当を供給できる業者の選定や食中毒などの安全性の協議、配送システムの構築などに時間がかかり、それらしい形の食事は被災者に提供されないままでした。毎日おにぎりやパン中心の食事だった避難者は、この救助法による食事提供が実施される日を待ちわびていたのです。栄養がとれて日常の食事に近いおいしい食べ物で、一刻も早く被災者の失われた健康を回復してもらいたいと願います。

　内閣府政策統括課に2016年6月23日に電話で聞き取りをおこなった結果、「食費は1日1人当たり1,110円である。しかし、避難期間と避難者の人数を勘案した上で最終的に特別基準的な金額を熊本県が決め内閣府に報告し、その上で国は経費の5割、県が5割の分担をするという取り決めになっている。避難所が継続する期間中継続する」（内閣府政策統括室・防災担当）という回答でした。

　ここまで熊本市の状況を述べましたが、他の市町村ではどうだったのでしょうか。熊本県内の市町村の弁当配布状況を把握するため、7月4～5日に担当部署に電話取材をしました（表1-7）。

　この結果、弁当の配布が最も早かったのは菊池市の4月24日、次いで益城町の5月1日でした。水道は4月21日時点で約10万世帯停止でしたが、22日には約半数が回復しました。ガスは5月1日に回復しましたが、益城町はこの日に弁当を配り始めました。

　一方、手作り料理を配ったのは御船町、菊池市で、これは地元経済を活性化する意図のもとに手作り料理を避難所に運んだ際立った取り組みとして、大いに参考になります。被災者の満足度は高かっ

第 I 章　熊本地震が投げかける災害食の問題点と教訓

表1-7　災害救助法を適用した弁当の配布状況　〈被害が大きく避難者が多い市町村〉

市町村	災害救助法担当窓口	弁当配布日	配付日の状況・内容	作り手
熊本市	復興総務課	5.26	避難所70ヵ所　2,000食	市内の弁当屋3ヵ所
宇土市	危機管理室	5.15	避難所8ヵ所　200人　昼と夜2回	市内の職業組合
宇城市	社会福祉課	5.15	避難所6ヵ所　500食　夜のみ	弁当屋
御船町	福祉課	6.8	避難所1ヵ所　300食　3食とも手料理	地元の商工会（飲食店がローテーションを組んで避難所へ出前）。一例：（朝）味噌汁、温かいご飯、（昼）日替わりご飯、（夕）丼系、サラダ、味噌汁、漬物など
益城町	福祉課	5.1	避難所13ヵ所　夜のみ　朝パン　昼おにぎり	コンビニエンスストア
嘉島町	町民課	無回答		
山都町	健康福祉課	なし	避難所5ヵ所で4月いっぱい。炊き出しのおにぎり。救援物資：レトルトカレー、パックご飯、アルファ化米、白かゆなどを利用	
菊池市	福祉課	△4.24	弁当は配っていない。プラスチック容器入りおにぎり＋簡単なおかず2品　300食夜のみ	第3セクター地域物産協議会。地産地消の食材を利用
合志市	福祉課	なし	4月17、18日におにぎりやパンは配布	
大津町	福祉課	5.5	避難所8ヵ所　弁当225発注	チェーン店の弁当屋（4.28夕食、おにぎりを店で購入し1人1個づつ配付）
菊陽町	総務課	無回答		
阿蘇市	福祉課	4.18	30ヵ所　7,600人	市内の弁当屋10軒でつくる弁当組合から供給
南小国町	福祉課	なし	最初の1、2日は米を購入して炊き出し。その後は救援物資	
小国町	総務課	なし	パンなどを配布。後は救援物資	
南阿蘇村	住民福祉課	無回答		
西原村	住民課	無回答		
八代市	健康福祉政策課	なし	救援物資　自衛隊からおにぎり	ライフラインは停止せず被害は軽微。地震の揺れが怖く、安心して寝るための夜間のみの避難者が多かったため飲食物の配布は不要だった

※2016年7月4～5日、担当部署に電話取材

II 避難所にようやく配給の弁当が届いた

写真1-2　5月8日の益城町の避難所（広安愛児園）の夕食

たに違いありません。

　私たちの炊き出しグループ（大和重工KKの社員10名に同行）が益城町の避難所（広安愛児園）を訪れたとき（5月8日、9日）、夕食にすでに弁当が配られていました。そこで急遽予定を変更し、夕食は町が配る弁当と炊き出しの塩チャンコ鍋とバナナ（写真1-2）、翌日の朝食は野菜たっぷりミルクスープ、鮭ご飯、オレンジとしました。この時期にはすでに避難者には野菜不足が蔓延し、野菜たっぷりのメニューが望まれていました。あくまでも避難者の要求に沿うことが求められるのです。

　熊本県の避難者数の推移を図1-1に示しました。発災直後は大混乱で正確な数は把握できないため、4月21日の記事の数値（9万2,314人）を100とした場合の比率で変化をみてみました。

第 I 章　熊本地震が投げかける災害食の問題点と教訓

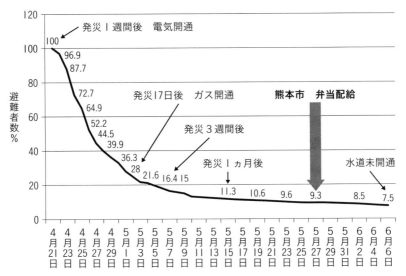

図1-1　熊本県の避難者数の推移
4月21日の避難者数92,314人を100とした場合の比率。熊本日日新聞記事から奥田作成

　これをみると、避難者数は電気の開通にもかかわらず急激に減少したわけではありません。しかし、ガスの開通後は大幅に減少し、その後は緩やかに減少していきました。

　余震が怖い、家に帰っても食べ物や飲み物がないなどの理由でしょうか、発災当初は避難所は人だまり傾向でしたが、1カ月後（5月15日）には初期の人数の11％まで減少しました。

　一方、避難所の数は5月9日を区切りに大幅に減少しました。これは休学中の小中学校が再開されるので避難所になっている学校を明け渡すためです。そのために避難所は統廃合され、避難者は新しい避難場所に移動しました。

　熊本市の場合、市町村から最初に弁当が支給されたのは5月26日

の夕刻（発災後41日）で、避難者は初期人数の約９％にまで減少していました。そのような状況で弁当を配るのは、土砂降りの雨のときには傘がなく雨が上がってから傘をもらうような具合で、なにか腑におちません。もう少し早く配るにはどうしたらいいか、事前に計画を練る必要があるのではないでしょうか。あるいは、店舗は徐々に開店しているのですから、「県内で通用する食品・飲み物購入券」を発行するなど、弁当配給という発想を変えることもできるでしょう。

12　まとめ

　本章の最後に、熊本地震が投げかけた問題点を自助、共助、公助の視点からまとめてみます。災害時の教訓として考えていただければ幸いです。

(1) 自助……被災者が「避難所へ食べ物と飲み物を持参する」文化
　　　　　をつくることが必要。
　発災直後の食べ物や飲み物は、行政や他人をあてにはできません。一人ひとりの災害食の備蓄が大事です。災害時、自分の命と健康は自分が守るという自覚を持ちましょう。

(2) 共助……住民による自発的炊き出しが必要。安定的な供給を期
　　　　　待したい。
　そのためには「ヒト、モノ、カネの裏付け、自主的総合管理」が

必要です。さらに、日頃の準備と訓練をしなければいけません。交通事情、災害のダメージにより救援には自ずと差ができ不公平なものです。マイナスの感情を持たず、共に助け合いプラスの方向に転換し、押し上げる努力をおしまないでほしいと思います。つらさ・苦しさを逆手にとって絆に変えましょう。

(3) 公助……行政は被災者に喜ばれる食べ物や飲み物を備蓄せよ。
　経済効率に重点をおかず住民のニーズに応えるようにしてほしいものです。住民が喜ぶ備蓄食品、弱者のための備蓄、分散備蓄、救援物資の分配など、住民参加型の災害対応を考え実施してください。新しい政策を、事後でなく事前に打ち出して訓練につなげましょう。新しい情報を取り込むことに貪欲であれ。

第2章
災害食とは
―― 選び方のポイント ――

1　なぜ食べ物を備えるのか

　首都直下型地震（東京・埼玉・千葉・神奈川）では、460万人が避難生活を送るといわれています。また、静岡県の駿河湾から九州にかけての沿岸部約700kmに及ぶ南海トラフ巨大地震では、10県151市町村に被害が広がると想定されています。地震、津波にとどまらず、火山の噴火、事故など大規模災害はいつ起こるか予想がつきません。こうした異常事態が起こったとき、これまで「普通」であった食事環境は一変します。ガス・水道・電気がストップして台所で料理ができません。食品生産や流通がストップし、食べ物や飲料水が不足します。なじみの外食店、総菜店、食料品店が閉まります。では、どうすればよいのでしょうか。

　異常事態が起こった不自由なときに食べる食べ物を「災害食・非常食」と呼んでいます。そのときのために、あらかじめ手元にためて（食べ物の預金）、備蓄しておくことが必要です。自分のものは自分で用意しておく、まさに災害食は「自分名義の自分食」ともい

えます。

　少し脇道にそれますが、その昔、死者を納棺しあの世に旅立たせるとき、死者の首に布の袋を下げて見送ったものです。その袋を頭陀袋といいます。袋の中身はいろいろですが、死者がおなかを空かせて困らないように、米やおにぎり、好物のだんごなどの食べ物を持たせました。これも備蓄食品といえるでしょう。死者でさえも食べ物を持ち歩くという発想は、食べ物がいかに大切であるかを物語っています。生きている私たちは食べ物が身近にあるため軽視しがちですが、先人のように食べ物の備蓄に気を配り、「リスク管理の感覚」を呼び戻したいものです。

2　災害食の3つのステップ

　「食べ物の種類がたくさんあるため、何を備蓄すればよいか見当もつかない」、そんな人が多いのではないでしょうか。「発災」（災害が発生）した後を、以下のように大きく3つの時期に分けて考えてみる必要があります。

ステップ1――災害が起こった直後（発災～3日後）
ステップ2――やや落ち着きを取り戻した時期（約1週間後～）
ステップ3――日常へ向かう回復時期（約1カ月後～）

　なぜ3つのステップかというと、それぞれ食事を取り巻く環境や食べる側の欲求が大きく変化するからです。これまでの体験や調査

（阪神・淡路大震災、東日本大震災）から判断すると、日常の食事状態に戻るまでに約3カ月間かかります。長期戦に打ち勝つには、3つの時期にふさわしい食品をそれぞれ備えることが必要です。ミスマッチが多く見られるので、その例を挙げてみましょう。

　ステップ1では、米や乾燥野菜を食べるのは不可能です。なぜなら、水や熱源がないばかりか、この時期は人命救助が先決の混乱した状況なので食べ物に手間暇をかけていられません。そのため、包装を開けてすぐ食べられるものが望ましいでしょう。米や乾燥野菜は、後のステップ2か3で役立てましょう。

　ステップ2では、電気が回復するでしょう。飲料水の備蓄があれば、かなりの食品が役立ちます。たとえば、電気炊飯器で無洗米を炊くことができます。そうすればレトルトのカレーやおかずの缶詰も役立ちます。ただし、水道水が出ないことも多くその場合は洗い物ができません。そうしたことも併せて考えましょう。

　ステップ3では、水道、ガスなどライフラインの回復を待ち望むものの、そう簡単には回復せず料理が思うようにできません。災害食を食べ続けると、野菜が足りないためビタミン、ミネラルなどの微量栄養素や食物繊維などが不足し、健康被害が出てきます。この時期には野菜や新鮮な食べ物への要求が強まります。でんぷん中心の食べ物ではなく、普段の食事に近いものが求められます。同じ食べ物の繰り返しでは我慢ができなくなるので、多様な食品を備蓄しておくことが望まれます。

第2章　災害食とは

3　災害食に求められる6つのポイント

災害食のポイントを具体的に考えましょう。

(1) 好物を備蓄する

災害は不安やストレスをもたらし心に傷を与えます。さらに食欲もなくなるので、自分へのお見舞いの気持ちで、「おいしいもの」「好物」を備蓄しましょう。

(2) ローリングストックする

備蓄する食品の賞味期限（おいしく食べられる期間）は、家庭・個人の場合6カ月程度で十分です。なぜなら、ローリングストック（普段食べているものを多めに買い置きし、期限が切れる前に食べ、不足分を新たに補充する）方式なので、賞味期限が長い必要はありません。廃棄が出ないので環境にも優しい方法です。

(3) 災害食は水分が少ないことを知っておく

災害食は長期保存を目的としているため、水分が少ないのが難点です。たとえば、ご飯の水分は約60％ですが、米を乾燥させたアルファ化米は5.5％です。100ｇのアルファ化米を元のご飯の状態に戻すには、熱湯または水150mLが必要です。食パンの水分は38％ですが、乾パンの水分は5.5％しかありません。水分が少ないと飲み込みにくく、のどが渇きやすくなります。また、全体的に味付けが濃いものが多いので、できるだけ薄いものを選びましょう。

3　災害食に求められる6つのポイント

(4) 飲料水の備蓄は1人1日3L

　飲料水の備蓄は1人分1日3L必要です。「えっ！　そんなに？」と疑問視する人もいるでしょう。この量は、食べ物や飲料水から体内に取り込む水分と、尿や汗として体外に出ていく水分の収支バランスで決められた値です。生活用水は含まれていません。たとえば、絹ごし豆腐100g（水分89.4mL）、レタス100g（水分95.9mL）、みそ汁おわん1杯（150mL）を食べたとすると、合計約335mLの水分がとれます。しかし、災害時には食べ物が不足し食事から水分がとりにくいため、飲料水は普段以上に補給することが大切です。飲料水の備蓄は、むしろ食べ物の備蓄よりも大切です。

(5) 使い切りサイズを選ぶ

　食品の分量は、使い切りサイズが望ましいでしょう。冷蔵庫が使用できないので、大きいサイズの缶詰などは残食が出てゴミ処理にも困ります。ゴミ処理で特に困るのは、カップ麺の汁です。東日本大震災の際、避難所にスープの捨て場所がないので人々は無理に飲み干したと聞きます。インスタント麺を備蓄するなら、スープのない焼きそばが健康面でもゴミ処理面でも良いといえます。

(6) 野菜や果物の加工品は大切

　食品の種類は偏らないようにします。特にビタミン、ミネラルなどの微量栄養素、食物繊維が不足します。阪神・淡路大震災では、避難生活者は体調を崩し風邪をひきやすくなり、40％が便秘になりました。野菜や果物の加工品を備蓄することをお忘れなく。野菜ジュース缶は強力な助っ人です。

第2章　災害食とは

表2-1　ステップ1　発災直後に備えて用意しておきたい災害食

	時期	食をとりまく環境	腹の足しになるもの 水や熱が不要で すぐ食べられるもの	飲み物 (500ml)	心の足しになるもの デザート系
ステップ1	発災後3日間	非常持ち出し袋の中の災害食を飲食する	ビスケット クラッカー かゆ缶詰・レトルト 雑炊缶詰・レトルト バランス栄養系食品	飲料水 野菜ジュース缶 お茶缶 缶紅茶 缶コーヒー	ミカン缶詰 缶入りケーキ プリン缶詰 ミックスフルーツ 一口ようかん

4　ステップ別おすすめ食品・メニュー

　ステップ1〜3の各段階でのおすすめ食品・メニューを表2-1、2-2に示します。欄外に缶詰や乾物などの具体例を挙げました。

　ガスや水道が回復するまでには3カ月ぐらいかかる場合があります。1週間では回復しないので、多めに準備しましょう。

　メニューは私の好みが色濃く出ているので、自分好みの改定版を作って買い物をしてください。日本食の伝統一汁三菜が基本ですが、災害食では簡素化して野菜は1皿に減らし、汁の代わりにデザートを入れました。以前私は風邪をひき、食欲を失い買い物にも行けず困ったことがありました。ふと備蓄食品のリストを見ていると、ミカンの缶詰が目につきました。早速食べてみるとひんやりさっぱりしておいしく大助かりでした。ビタミン、ミネラル、食物繊維があり、汁も全部飲み干しました。果物の缶詰は水分補給もでき、甘いものは癒やしになりストレスを和らげます。

表2-2 ステップ1以降～3 発災4日以降のおすすめメニューと食への欲求の変化

	時期	食を取り巻く環境	主食系	魚か肉のおかず系	野菜のおかず系	デザート系
ステップ1以降2までの間	4日～約1週間後	家に置いてある災害食を飲食する	運良く電気が回復すればカップ麺6個 アルファ化米など6袋 そうでなければステップ1を続ける	缶詰 レトルト 12個（＊1）	缶詰 レトルト 12個（＊2）	お好みのデザートを選ぶ 1日1個
ステップ2	約1週間後～	電気が回復、電気釜が使用可。ご飯とおかずが食べられる	無洗米など（＊3、＊4）	缶詰 レトルトカレー レトルト卵丼など	缶詰 レトルト八宝菜の素 レトルト炊き込みご飯の素 のりの缶詰など	おかきの缶詰 千菓子
ステップ3	約1カ月後～	野菜や新鮮な食べ物が欲しくなる。店舗が開き始める	乾麺（スパゲティ、うどん、蕎麦など）無洗米	生野菜、肉、魚が欲しくなる 炊事がしたくなる 調味料（油、マヨネーズ、ケチャップ、しょうゆ）		生菓子が食べたくなる

＊1 肉または魚の缶詰・レトルト：シーチキン、焼き鳥、サバのみそ煮、ソーセージ、イワシのトマト煮
＊2 野菜煮缶詰・レトルト：煮豆、切り干し大根、ヒジキの煮物、コーン、五目豆、ポテトサラダ、筑前煮
＊3 米は1カ月分ぐらい準備しておくと長期戦に耐えられる
＊4 米を炊くには飲料水の備蓄が欠かせない

5　置き場所と非常持ち出し袋の必要性

　では、災害食はどこに誰が置けばよいでしょうか。「おかあさん！」と家族がつり革のように甘えてぶら下がる、これでは困ります。家族それぞれ自分が主人公になり、自分で買い物をして、自分で管理し、自分の長く居る部屋に置きましょう。
　1カ所集中ではなく、分散備蓄しましょう。津波対策の場合は、最

第2章　災害食とは

上階へ移します。家族は別々の時間帯に別行動をしているので、おかあさんを当てにしてはいけません。また、災害に巻き込まれやすい場所に住んでいる人は、安全地帯に住む友人や親戚にお願いして、備蓄食品を預けましょう。発災後に届けてもらう方法が確実です。

　置き方ですが、主食系、魚・肉系おかず、野菜系おかず、デザート系と表2-2の4つの柱ごとに分類して箱に入れておくと、取り出しやすく便利です。ただし、ステップ1の食品（3日分）と飲料水や野菜ジュース缶などは各自、不燃性（火災が起きると火の粉が飛んで燃え移るので）の非常持ち出し袋に入れ、持ち出しやすい場所に置きます。

　最初に紹介した頭陀袋を現代の私たちが持つとしたら、背負う袋は防炎マーク付き、体力に合わせた大きさのものを買い求めましょう。その中にステップ1の災害食を入れます。道路が寸断されたり凹凸で歩きにくいので、スーツケースはやめて必ず背負います。

　予行演習として災害時をイメージしてみましょう。──まず避難所に逃れます。しかしすでに満員で入ることができません。どんどん歩いて高台やビルの最上階など安全な場所に着いたときおなかが減ります。そんな状況を想像して、非常持ち出し袋に入れるのは「封を切ったらすぐ食べられるもの」に限ってください。3食分ぐらいの食べ物、飲料水は500mL入り3本くらいで、重すぎないようにしましょう。

　高齢で普段から食べ物にこだわりがある人、介護の必要な人、アレルギーなど持病のある人、粉ミルクを飲んでいる乳児、離乳食を食べている幼児がいる家庭は、特に手厚い備蓄をしましょう。災害が起こってから助けを求めるのでなく、起こる前に入念に自己管理

図2-1　防炎マーク付き非常持ち出し袋

図2-2　非常持ち出し袋に入れる災害食の例

しましょう。

　自助、共助、公助といわれますが、大規模災害、大混乱の状況では、まずは自助で乗り切る覚悟が強く求められています。今すぐ準備をしましょう。

6　飲み物＝水というカン違い

　国や自治体の広報資料のほとんどには、災害用に備蓄する飲み物＝「飲料水」としてペットボトル入りの水のイラストが描かれてい

第2章　災害食とは

図2-3　2014年2月に発表されたガイドブックの一部より　→のイラストが飲料水になっている。

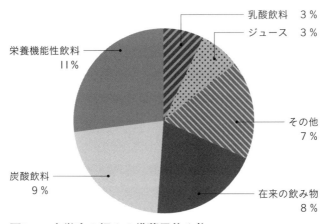

図2-4　中学生の好みの備蓄用飲み物

表2-3　中学生の好みの備蓄用飲み物トップ5位

順位	種類	延べ数	比率
1	日本茶	803	36.00%
2	水	292	13.10%
3	野菜ジュース	258	11.60%
4	フルーツジュース	169	7.60%
5	紅茶、ミルク・レモンティ	136	6.10%

ます（図2-3）。しかし、実際に私たちが日頃飲んでいる飲み物は水だけではありません。したがって、もし備蓄すべき飲み物が水だけだと考えているとしたら、それは大きなカン違いです。水以外にもあなた好みの飲み物を備蓄するようにしましょう。

　以前、神戸市立湊川中学校（防災指定校）の生徒さんと防災教育の一環として災害食の学習をしました。その際、災害に備えて「非常持ち出し袋に入れた備蓄品を飲食したあと、4日目以降の3日間に飲みたい自分好みの飲み物」を各自9つ（3日分9食として）書いてもらいました（248人、回収率は82％）。

　すると41種類以上の飲み物が記入され、その多さに驚くと同時にいかに国や自治体が発信する広報「飲み物＝飲料水」が現実離れしているかを痛感しました。

　ちなみに、中学生が挙げた好みの41種類の内訳は、栄養成分（ビタミン、タンパク質、ミネラルなど）を補強した飲料（ポカリスエットなど）、炭酸飲料（コーラ、ファンタなど）、在来の飲み物（日本茶、コーヒー、紅茶など）、ジュースなどでした。ただし、たとえばジュースのなかでフルーツジュースの場合、内容はグレープ、リンゴ、ブルーベリー、ミカン、ミックスなどさらに嗜好が多様でし

た（図2-4）。

　また、各自9つ書いてもらった飲み物の延べ数では、1位が日本茶で圧倒的に多く、次いで水、野菜ジュースの順で、5位までの種類で全体の74％を占めました（表2-3）。

　水（飲料水）の備蓄はもちろん大前提ですが、自治体の広報などは、それ以外の飲み物の備蓄も促すような表記に改めてほしいものです。

第3章
災害時に足りない野菜
―― 備蓄のコツ ――

1　災害時に最も食べたかったのは野菜

　阪神・淡路大震災で一番食べたかったものはなにか。料理名を一つ答えてもらいました（＊1995年4月、避難所生活者270人に対する聞き取り調査。男107人、女163人、避難所数9カ所（神戸市4、芦屋市3、西宮市2カ所））。
　その結果、「野菜類」が34.4％で最も多く、魚類、肉類を上回りました（図3-1）。
　なぜ野菜か。野菜が最も不足していたからです。避難所入所後に約4割が便秘になり、その半数が食べ物のせいであると答えています。また入所前に比べて体調が悪くなり（2.5倍）、眠れないなど困っていました。そこで神戸市は、配給食に野菜ジュース、カット野菜を付け加えました。
　その後、東日本大震災でも同様のことが起こります。岩手県野田村役場では栄養士の聞き取り調査で、問題点としてトイレや便秘、野菜・魚類の不足、義歯の不具合、口内炎、肌のトラブル、血圧の

第3章　災害時に足りない野菜

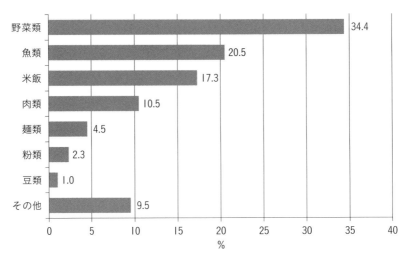

図3-1　阪神・淡路大震災で一番食べたかった食品類
奥田和子『震災下の「食」神戸からの提言』p.40、NHK出版、1996年

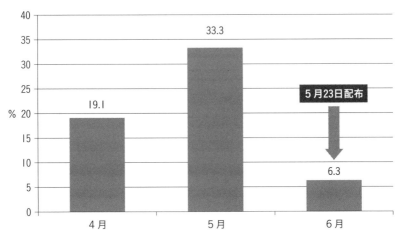

図3-2　便秘を訴えた人にサプリメント・野菜ジュースなどを配布した結果便秘が減少
岩手県栄養士会「そのとき被災地は」岩手県野田村役場　下畑優子報告、p.55、2013年

上昇、運動不足、不眠、疲れ、食欲不振などがあげられました。そこで便秘を訴えた人にサプリメントと野菜ジュース等を配って対応した結果、便秘が減少しました（図3-2）。

2　災害時になぜ野菜が不足するのか

　災害時に野菜が不足する原因をいくつかあげてみましょう。
①野菜不足の最大の原因は、わたしたち個々人が野菜の備蓄をしていないからです。「備蓄食品とはなにか」と尋ねると、答えの多くは乾パン、アルファ化米、インスタント麺などの主食です。野菜の重要性が認識されていません。自治体の市民向け広報でも、野菜の備蓄をどうすればよいか適確に伝えられていないように感じます。
②自治体の救援物資に野菜がないことも原因の一つです。災害が発生すると自治体は被災地に向けて救援物資を放出しますが、備蓄内容が主食に偏っているため野菜の加工品の救援物資はほとんどありません。内容を見直す必要があります。
③交通事情の悪化、流通機能の停滞により、野菜が入手しにくく価格が高騰し野菜不足に拍車をかけます。
④生野菜が大量に送られてきたとしても、野菜料理は難しいといえます。なぜならライフラインがストップしているため、野菜を洗う水、煮炊きする燃料がないからです。電気がない時期は電子レンジも使えず冷蔵庫も使用不可能です。
⑤野菜料理は水分が多いため腐敗しやすく、生野菜は未加熱なため

衛生管理が行き届きません。

3　時系列で考える野菜の備蓄のコツ

　野菜の備蓄・料理を時系列で考えてみましょう。

発災直後3日間：水も熱源も使わず、すぐ食べられるものを備蓄しましょう。野菜ジュースは野菜に代わるものとして評価でき重宝します。
4日目以降〜：日常の食事に近づけるため、主食＋おかずのプランで備蓄します。野菜のおかずはすぐ食べられる缶詰、瓶詰、レトルトが好ましいです。
1カ月〜：食をとりまく周辺環境が落ち着いてくると、缶詰やレトルトに加えて長く保存できる根菜類（じゃがいも、たまねぎ、にんじん、ごぼうなど）が使えるようになります。特に根菜類は洗うのに水を多く必要としないので助かります。店が開き入手可能なら葉物野菜（レタス、キャベツ、ホウレンソウなど）も使えますが、洗うために多くの水を必要とするのが難点です。その点、果菜類（トマト、なす、ブロッコリーなど）は洗いやすく重宝です。これらは冷蔵庫が使えれば保存できます。

　ライフラインが徐々に解消すれば、表3-1のように順次使用できる野菜が広がっていきます。周囲の食環境の変化に合わせて3段階で計画的に備蓄することをおすすめします。

表3-1 時系列で周辺の食環境に適した野菜の備蓄プラン

	時系列	野菜の形態	市販品の具体例	
A	発災直後から3日間	野菜ジュース缶	野菜ミックスジュース　トマトジュース　など	
B	発災後4日以降〜	野菜ジュース缶 野菜の缶詰 野菜のレトルト 野菜の瓶詰	たけのこのおかか煮 筑前煮 豆の煮物 ごもく豆 小豆の煮物 紫花豆 里芋の煮物 きんぴらごぼう ひじきの煮物 だいこんの煮物	ポテトサラダ 切り干しだいこんの煮物 卯の花和え キャベツとにんじんのピクルス ふきの佃煮 高菜の油いため たくわん漬け らっきょう漬け 福神漬け キュウリの漬け物　など
C	1ヵ月〜収束まで	A、B＋生野菜	さといも じゃがいも にんじん たまねぎ ごぼう だいこん	はくさい ねぎ キャベツ ブロッコリー ほうれんそう ピーマン　など
		乾燥野菜	切り干しだいこん	しいたけ　など
		凍結乾燥野菜	コーンのスープ	かぼちゃのスープ　など
		冷凍野菜（冷蔵庫使用可の場合）	えだまめ	さやいんげん　など

4　1日の摂取量目安350gの野菜を備蓄するには

　野菜の摂取量目安は、1日350gとされています（厚生労働省が推奨する健康作り運動「健康日本21」の目標値）。1日3食とすれば、1食分は約117gです。ちなみにこれは生の分量で廃棄部分を除いた重量です。たとえば、備蓄食品のマッシュポテト缶の中身は105gです。レトルトのきんぴらごぼうの中身は75gです。多くの加工品の分量は100g前後です。これでは分量的に不足です。

第3章　災害時に足りない野菜

写真3-1　野菜が入ったレトルトや缶詰

　そこで提案ですが、これに野菜ジュースを1本加えてみてはどうでしょう。野菜ジュースの市販品はいろいろありますが、1缶200mL前後で、350gしかも30種類の野菜、そのうち緑黄色野菜は120g以上使用したものもあります。野菜の備蓄がゼロというお粗末なことにならないよう注意しましょう。最近はレトルトカレー1袋中に、にんじんほか9種類の野菜を180g（生野菜換算）以上入れた"野菜カレー"も発売されています。これ1品で野菜が1食分以上とれるという便利な食品です（写真3-1）。

5　なぜ野菜の備蓄が必要か

　野菜にはほかの食品とは異なる栄養成分、機能性成分が含まれています。

①低カロリー：肥満防止
②食物繊維：便秘防止
③ビタミン、ミネラル類：体調調整
④抗酸化成分（フィトケミカル＝野菜の色素）：活性酸素の除去、生活習慣病予防など

　※近年研究が進み、新しい機能が発表されています（例：抗酸化性分の赤い色素リコピンは、体内の善玉（HDL）コレステロールを増やす働きがある）。

このように、野菜の体内での守備範囲は極めて広く、その効果は大きいのです。

　災害時は野菜がとりにくい環境に追いやられますが、仕方がないでは済まされない事態なので事前に準備しておくことを心がけましょう。野菜の缶詰、レトルト食品などを毎食１つ備蓄することをおすすめしますが、それでも足りませんから、野菜ジュース缶も１食１本程度備蓄するとよいでしょう。体調を整え健康維持のキーポイントを握るのは野菜なのですから。

第4章
自治体に求められる飲食料備蓄とは

1　救援物資はなぜ同じような食料ばかり届くのか

　東日本大震災の被災地を訪れたとき、ある栄養士さんが「救援物資の食料が役立たないですね。何とか考えてください」とこぼされました。日頃から懸念していたことだけにハッとしました。救援物資はいわば被災地へのお見舞い品のはずですが、東日本大震災に限らず過去の震災でも、必ずしも喜んで受け入れられていたとはいえません。被災者が「欲しい」と願い、送った後に「ありがとう」の感謝の言葉が返ってくる、当たり前の関係をぜひ成立させたいものです。

　全国から集まる膨大な善意、貴重な食料資源、遠路を運ぶ人手、ガソリン、集積物資の管理などに無駄が起きるのは問題です。さらに排気ガスなど環境汚染にもつながるのはマイナスといえましょう。何が原因でこれらの問題は起きているのでしょうか。ここでは救援物資の質と量にメスを入れてみたいと思います。

第4章　自治体に求められる飲食料備蓄とは

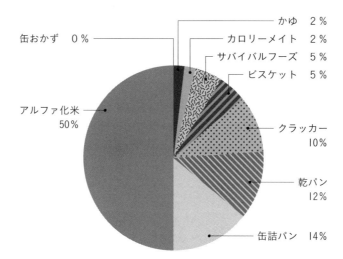

図4-1　南海トラフ巨大地震が想定される11府県45市の食料の備蓄内容（2013年4月）

　救援物資は同じようなものが届けられますが、その理由を考えてみましょう。

　南海トラフ巨大地震では、ピーク時の避難生活者数は東日本大震災の約9倍と想定されています（内閣府2013年5月）。駿河湾から日向灘までの太平洋沿岸の市町村は、地震と津波の複合災害、しかも広域災害を受けます。そのとき救援物資は主に被災地とその周辺の自治体から届けられるので、あらかじめ自治体の備蓄内容を調べておくと、救援物資の内容がわかります。

　2013年4月、南海トラフ巨大地震が想定される範囲内の11府県45市（注）の備蓄内容を危機管理課に電話取材したところ、申し合わせたようにほぼ同じ内容で、備蓄内容の半数がアルファ化米でした（図4-1）。高齢者にとってありがたい「かゆ」の備蓄は2％しかあ

I 救援物資はなぜ同じような食料ばかり届くのか

表4-1 東日本大震災で被災地の要望にこたえて届けられた神戸市からの救援物資

(募金総額3400万円のうち、食料関係分)

	発送日	3月25日	3月30日	4月4日	4月9日	4月13日	4月19日	4月22日	4月29日	総計 ○の数
	発災後の日数	15日	20日	25日	29日	34日	39日	43日	49日	
野菜	葉物野菜						○	○		12
	根菜野菜			○	○	○		○	○	
	野菜ジュース							○		
	野菜スープ							○		
	豆乳							○		
	煮豆				○					
菓子・主食	菓子		○	○		○	○		○	8
	パン		○							
	米	○								
	レトルトかゆ					○				
炊き出し	調味料							○	○	4
	レトルト食品						○		○	
加工品	レトルトカレー				○					6
	缶詰			○						
	つくだに					○				
	フリーズドライスープ					○				
	カップスープ							○		
	総計 ○の数	1	2	4	4	4	3	7	5	30
	配送場所	仙台市宮城野地区	同左	②岩手大槌町 ①釜石市	②宮古市刈屋 ①石巻市	②陸前高田市 ①大船渡市	②宮城南三陸町志津川 ①気仙沼市	②宮城亘理郡山元町 ①多賀城市	②石巻市 ①陸前高田市 ③宮城亘理郡	

「野菜ジュース」「野菜スープ」は発災43日後に発送されました。

※こうべ市民福祉振興会からの資料をもとに奥田作成(2015年1月)

りません。結果として被災地に同じものが届くことになり、配分された被災者は「またか!」とうんざりすることでしょう。

第4章　自治体に求められる飲食料備蓄とは

　自治体からの救援物資にさらに食品企業からの寄付が加わりますが、内容的には大量生産品で日持ちする食品が多くなります。被災地ではライフラインがストップしているので冷蔵庫は使えず、生鮮食品、冷凍食品は腐敗の懸念があり衛生面で問題があるため送られてきません。また、被災地は生鮮食品の料理もできません。おにぎり、菓子パンなどの生ものはどうでしょうか。南海トラフ巨大地震では、発災翌日、最大で430万人の避難生活者が想定されています（内閣府2013年5月）。生産、流通が遅れることを考えると、避難所に万遍なくゆきわたらせることは難しいでしょう。

　ここでぜひ参考にしたいのは、東日本大震災のときに被災地の要望にこたえて救援物資を送った「こうべ市民福祉振興会」の取り組みです。まず被災地の特定の相手を決めて要望を聞き、それに合う食品を送る方式です。このやり方を「カウンターパート方式」と呼びます。

　こうべ市民福祉振興会の資料をもとに作成した救援物資発送の様子を、表4-1に示します。これを見ると、炊き出しが始まる頃に調味料、葉物野菜のリクエストがあり、ニーズが時系列で変わっていく様子が読み取れます。

2　自治体に求められる災害弱者向けの備蓄

　これまで自治体は、健康な成人向けの食べ物、たとえばアルファ化米、乾パンなどを主体に備蓄してきましたが、災害時に最も困っ

表4-2 南海トラフ巨大地震が想定される11府県45市の粉ミルクと哺乳瓶の備蓄状況

(2013年3月)

調査した市の数		粉ミルク哺乳瓶ともに有り	粉ミルクのみ有り		哺乳瓶のみ有り	粉ミルク哺乳瓶ともに無し
			普通粉ミルク	アレルギー対応粉ミルク		
静岡県	14	0	0	0	0	14
愛知県	9	1	1	3	0	4
三重県	4	0	0	0	0	4
和歌山県	4	0	0	1	0	3
大阪府	8	2	3	0	2	1
四国	4	0	1	1	0	2
九州	2	0	0	0	0	2
計45市		3	10		2	30
%		6.70%	22.20%		4.40%	66.70%

ているのは乳児、幼児、高齢者、病人など災害弱者たちです。ところが、多くの自治体はこうした人たち向けの備蓄は手薄でした。理由は明確ではありませんが、財政難、質より量、賞味期間の長さなどの課題があったためかと思われます。

　前述の11府県45市の粉ミルクと哺乳瓶の備蓄状況について調べた結果（2013年4月）を、表4-2に示しました。粉ミルクと哺乳瓶のどちらも備蓄しているのは調査した45市のうちわずか3市のみで、粉ミルクのみは10市。アレルギー対応の粉ミルクを備蓄しているのは、和歌山市・松山市・岡崎市・東海市・田原市の5市だけでした。30市にいたっては、どちらの備蓄もしていないことがわかりました。

　「個人備蓄を1週間分以上する」と提示（内閣府2014年5月）さ

第4章　自治体に求められる飲食料備蓄とは

表4-3　健康な成人向けの食事が食べられない人に必要な備蓄食品

乳幼児	粉ミルク（哺乳瓶）、 ベビーフード（離乳食と飲み物）、 アレルギー体質には配慮が必要
アレルギー体質の人	食品の内容表示がしっかりした加工品に限る（表4-4参照）
高齢者	そしゃく力の弱い人→かゆ ブレンダー食（ミキサー処理したどろどろのもの） ベビーフードも使用可
	呑み込みが困難な人→とろみ剤（食べ物に混ぜて使う） ゼリー飲料など
基礎疾患者 （慢性持病のある人）	制限食→カロリー制限食、食塩制限食（糖尿病の人など） 食品に成分量の表示が明記されているもの 虚弱者→食べ物による栄養補給が必要な人

表4-4　アレルギー体質の人が避けなければならない食品27品目

義務表示7品目 必ず表示の義務あり 発症数が多く、重篤な症状にいたる ことが多いため	えび　かに 小麦粉　そば　落花生 卵　乳
表示推奨20品目 表示が勧められているもの	あわび　いか　いくら　さけ　さば 鶏肉　牛肉　豚肉　ゼラチン くるみ　ごま　カシューナッツ　大豆 キウイフルーツ　オレンジ　バナナ もも　りんご　まつたけ　やまいも

※厚生労働省、農林水産省、消費者庁資料などをもとに奥田和子作成

れているわけですから、自治体の備蓄は方針の見直しが必要です。つまり、災害弱者向けの備蓄を具体化しなければなりません。健康な成人用の食事が合わない人は大勢いるので、必要な備蓄食品は異なります（表4-3）。アレルギー体質の人は、27品目の食品を避けた備蓄食品が求められます（表4-4）。

表4-5　すでに開発されている災害弱者向けの備蓄食品

種類	従来の備蓄食品	転換	災害弱者向け備蓄食品	商品の有無
米食	アルファ化米	→	白かゆ（缶、レトルト）	有
			飲むご飯	有
パン（缶入り）	甘い味つけ	→	甘みを控える、減塩	甘みの少ないパン　有
インスタント麺	カップ麺	→	焼きそば	無　対応策：少なめに熱湯を注ぎ、途中上下を反転すると汁が残らない。調味料を全部入れずに残す
	汁そば			
粉ミルク	粉ミルク	→	アレルギー対応を追加	有
おかず	塩辛いもの	→	薄味	素材缶（味ひかえめ）、ツナ缶など　有
	肉（缶、レトルト）	→	魚（缶、レトルト）	有　肉より魚の方が適応範囲大
	小麦粉使用	→	米粉使用	レトルトカレー　有

　従来の健康な成人向け備蓄食品を災害弱者向けに転換する場合、はたしてどのような食品を用意すればよいのでしょうか。賞味期限３〜５年の該当食品がすでに市販されています（表4-5）。自治体は災害弱者向けの備蓄をぜひ進めてもらいたいものです。

3　離乳食の備蓄品はどのような基準で選べばよいか

　ここでは全く手つかずの領域である離乳食の備蓄に焦点を当て、問題提起をしたいと思います。

第4章　自治体に求められる飲食料備蓄とは

　幼児とは生後1歳〜小学校就学までを指します。特に乳以外の食事をとり始める子どもたちはまだ歯が生えていないため、食べ物を刻み、やわらかく煮て、うらごし、飲み込める状態にしたものを食べます。これを「幼児食」または「離乳食」と呼びます。以前は家庭で手間ひまかけ手作りしてきましたが、最近では働く母親が増えたこともあり、食品企業が多様な離乳食を生産・販売し、それを利用する家庭も増えているので、これを備蓄すればよいのです。

　離乳食を生産・販売している2社のカタログを取り寄せまとめた結果から、以下の考察を試みました（2015年2月）。

　両社とも月齢に応じてさまざまな商品を提供しています。月齢別では5カ月から1歳4カ月（A社の場合。B社は12カ月）まで区分しています。月齢が低いほど流動性が高く（いわゆるやわらかい）、5カ月児用のものは1歳児でも食べられますが、その逆はだめです。

　自治体は以下のような点に留意して備蓄用離乳食を選択してほしいと思います。

- 常温で流通、保管できるもの。封を開けたらすぐ食べられるもの。
- 月齢9カ月と12カ月頃の食品を重点的に選択するのがよい。月齢8カ月以下の子どもには粉ミルクで対応。月齢ごとに取りそろえると範囲が広すぎて煩雑になる。
- アレルギー特定原材料7品目不使用の食品を選択するのが好ましい。そうすればアレルギー対応も同時に可能で、適応範囲が広がるからである。
- 備蓄量は、各自治体は保育園、幼稚園などの人数を調べ、的確な

3 離乳食の備蓄品はどのような基準で選べばよいか

表4-6 離乳食品の賞味期限

種類	A社	B社
瓶詰	70g　　2年 100g　　2.5年	該当なし
トレー入り	該当なし	1.5年
カップ容器	1～1.5年	1.5年
レトルトパウチ	1.5年	1.5年
おやつ（商品による）	10ヵ月～1.5年	1～1.5年

ニーズを把握すること。たとえば熊本県の場合、人口構成からみて1歳児は全人口の約0.8％で1万6,000人弱である（平成27年人口動態調査、熊本県）。人数×1日3食×1週間分＝人数×21個を目安にしてはどうか。

- 賞味期間は長い方が経済的に有効であり、調査時点での最長は瓶詰で最大2.5年である（表4-6）。カップ容器、レトルトパウチはともに賞味期間が1.5年であり長期保存は望めないため、入れ替え時の手間、廃棄にともなう手間など不経済になりやすい。日常使いするローリングストック方式をとり、小児病院、保育園、幼児保育施設などで期限切れ前に使うシステムを作ることを望みたい。
- 同じ内容の商品を繰り返し与えないこと。大人と同じように飽きがきて食欲を失い、食べたがらないからである。
- 品目は主食と副食が混じったものがよい。たとえば、米に野菜や魚などが入った「雑炊」「炊き込みご飯」は栄養面もある程度満足でき、食べさせやすく便利。流通・手渡し配分も簡略で、食後の瓶の廃棄量も少量で環境汚染も少ない。さらに備蓄スペースの

第4章　自治体に求められる飲食料備蓄とは

表4-7　備蓄「離乳食」の参考メニュー　　（A社商品の場合）

商品名	内容量	賞味期間
瓶詰（9ヵ月、アレルギー特定原材料7品目不使用）		
鶏とひじきの炊き込みごはん	100 g	2.5年
さけ野菜雑炊	100 g	2.5年
大豆とひじきのごはん	100 g	2.5年
瓶詰（7ヵ月、アレルギー特定原材料7品目不使用）		
鶏ささみと根菜のおじや	70 g	2年
かれいと根菜の和風ごはん	70 g	2年
カップ容器（12ヵ月、アレルギー特定原材料7品目不使用） 容器形態が食べやすい		
かれいとひじきのごはん	120 g	1年

節約にもなる。
- 和風・洋風・中華風などさまざまな味付けが販売されているが、和食の献立を選択するのがよいと思われる。自給率が高い国産米、国産野菜を用いたほうが食料供給の安定・健康志向の面から望ましい。和食は野菜を多く取り入れた献立になっており、また肉より魚のほうがよりよいのではないか。日本食の基本である米、野菜、魚、海産物の和風だし（こんぶとかつお）を用いた和の料理を選択し、乳幼児期に和食に慣れ親しんでもらいたい。

以上の観点を総合すると、たとえば表4-7のようなメニューが離乳食の備蓄品に適しているのではないでしょうか（表4-7）。

願わくば、自治体が乳幼児こそ市民のひとりであり大切な萌芽であるという認識のもとに、「離乳食の備蓄」を今すぐ始めていただきたいと思います。

4　充実が望まれる高齢者向け介護食の備蓄

　高齢者は「噛む力」「飲み込む力」が弱まるので、食べる力に応じた「やわらかい、飲み込みやすい」食べ物が必要です。ここでは「介護食」と呼ぶことにします。このような介護食を必要とする人は増えつつあり、自治体は今後介護食の備蓄が必要不可欠ですが、残念ながらこの種の備蓄をしていない自治体が多くみられ、弱者放置の感がします。

　介護食の備蓄の有無を、南海トラフ巨大地震が想定される11府県45市の危機管理課に電話取材した（2013年4月）結果を、表4-8に示しました。その結果、介護食品の備蓄ありの市は18％にすぎず、その内訳はアルファ化米の「かゆ」が圧倒的多数でした。したがって、行政がこれから備蓄を考える場合、アルファ化米の入れ替え時期に「白米」から「かゆ」に転換することをすすめます。

　また、購入後の入れ替えとしては、賞味期限切れ前に市町村内の高齢者給食施設、病院、高齢者福祉施設などと協定し、引き取って利用していただくとよいと思います。

　備蓄は経済的にも負担がかかりますが、最低限1人1日分（3食）だけでも望みたいものです。ちなみに熊本県では要介護認定者数は9万5,000人で、この20％が避難所へ来ると仮定すると、最低限ではありますが1万9,000人分×3食＝5万7,000食の介護食を備蓄すればよいことになります。

　以下は、備蓄用介護食を選択するための留意点です。

第4章　自治体に求められる飲食料備蓄とは

表4-8　南海トラフ巨大地震が想定される11府県45市の介護食備蓄の有無

調査した市の数		なし	あり		ありの内訳
静岡県	14	13	1	下田市	かゆ
愛知県	9	8	1	知多市	かゆ、すりおろしリンゴ
三重県	4	4	0	−	−
和歌山県	4	4	0	−	−
大阪府	8	2	6	泉大津市	すりおろしリンゴ
				大阪市	かゆ
				堺市	かゆ
				岸和田市	かゆ
				泉南市	かゆ
				阪南市	かゆ
四国	4	4	0	−	−
九州	2	2	0	−	−
合計	45	37	8		
%	100%	82%	18%		

※2013年4月、各市の危機管理課に電話で聞き取り調査

- 常温で流通、保管できるもの。封を開けたらすぐ食べられるもの。
- 賞味期間が最低1.5年以上のもの。賞味期間が1年以下の場合、入れ替えは財政的にも困難。
- ユニバーサルデザインフード（UDF）区分3（舌でつぶせる）よりもやわらかいもの。
- ご飯とおかずの組み合わせが望ましいが財政的に無理な場合、主食とおかずが一体になったもの、たとえば「ぞうすい」など複数の素材を含むものがよい。
- 個々人に分配しやすい個別包装のもの。1人の分量が食べ切りサイズで多すぎないこと。

4 充実が望まれる高齢者向け介護食の備蓄

表4-9 自治体向け介護食の備蓄食品　　(メーカー7社の商品から。2015年4月)

	商品名	UDF区分 (*1)	形態	内容量	本体価格 (円/個)	賞味期間
主食	やわらかおじや(鶏とたまご)	3	レトルト	150 g	180	18ヵ月
	やわらかごはん	3	レトルト	150 g	150	18ヵ月
	けんちんうどん	2	レトルト	120 g	180	18ヵ月
	ぬくもりミキサー梅がゆ	3～4	レトルト	150 g	170	18ヵ月
	京風豆乳うどん	3	レトルト	100 g	200	18ヵ月
	ふっくらおかゆ	3	レトルト	200 g	155	24ヵ月
おかず	やわらかおかず肉じゃが	3	レトルト	80 g	150	18ヵ月
	なめらか野菜にんじん	4	レトルト	75 g	150	18ヵ月
	なめらか野菜コーン	4	レトルト	75 g	150	18ヵ月
	肉じゃが	2	レトルト	100 g	200	18ヵ月
	ミキサー食いわし梅煮	4	レトルト	70 g	140	18ヵ月
デザート・飲料	ゼリー飲料：すりおろし果実りんご	4	スパウト容器入り	100 g	150	12ヵ月
	野菜ジュース	4	缶入り	190 g	110	5年
	ミキサー：大学いも	4	アルミ袋	50 g	135	18ヵ月
とろみ調整食品 (*2)	つるりんこ		アルミ袋	10本	410	12ヵ月
	トロメイク		アルミ袋	10本	360	24ヵ月
	とろみファイン		アルミ袋	15袋	350	12ヵ月

*1　ユニバーサルデザインフード区分
　　1：容易にかめる　2：歯ぐきでつぶせる　3：舌でつぶせる　4：かまなくてもよい
*2　とろみ調整食品：そしゃく、のみこみが困難な人のため、のみこみ易くするために食べ物や飲料に混ぜてとろみをつける食品

- 価格が標準的で、1食としてお腹の足しになり栄養も満たされるもの。
- 高齢者は脱水に気づきにくいため、水分を多く含む食品が望まれる。
- おいしく、食欲をそそり、食べ慣れているもの。

参考までに、市販されている介護食の具体例を表4-9に示しました。

5　備蓄食品選びは管理栄養士が適任

　本章の提言は、備蓄食品の内容を「健康な成人向け」から「それが食べられない、あるいは食べにくい災害弱者向け」に変えようというものです。これまでのように危機管理課など災害対策を扱う部署では食品を選択する知識が足りない場合もあります。そこで提案です。備蓄食品選びを、保健所、健康福祉課などの管理栄養士のいる部門に任せてもらいたいのです。

　備蓄分量はあらかじめ該当者数を把握し、少なくとも1週間分以上備蓄することが望ましいでしょう。そうすれば災害弱者の要望が満たされるばかりか、救援物資の食料は同じものばかりではなくなり、被災地でも歓迎・感謝されることでしょう。

　市民は1週間分以上の食料と飲料水を各自で備蓄するよう提示されています。自分の健康は自分で守るという観点から、必要な食べ物と飲み物を避難所に持参すること（自助）が各自求められます。

　しかし、避難所にたどり着く前に豪雨で泥をかぶったり、家屋の崩壊、火災などで備蓄品を失うケースもあります。そのときは市町村の備えに頼るしかありません。市町村の備蓄（公助）はそうしたときの予備と考え、公助や救援物資（共助）だけを頼りにせず、自助で災害を乗り切っていきたいものです。特に災害弱者は入念に自

分に適した食べ物を準備しておきましょう。

　自治体は当面これまで通りの備蓄＋災害弱者向け備蓄の２本立てにし、期限切れの入れ替え時には災害弱者向けに転換しながら増やしていきましょう。お見舞いの救援が必要なときは災害弱者向けを届けるようにしていくとよいでしょう。２次災害により死者や災害弱者が増えるのを自助・共助・公助が一丸となって阻止したいものです。

（注）聞き取り調査した11府県45市

静岡県（14）	静岡市　浜松市　富士市　沼津市　島田市　磐田市　伊東市　下田市　熱海市　焼津市　伊豆市　三島市　御前崎市　湖西市
愛知県（9）	名古屋市　豊田市　岡崎市　東海市　半田市　豊橋市　知多市　豊川市　田原市
三重県（4）	四日市市　津市　志摩市　熊野市
和歌山県（4）	和歌山市　橋本市　田辺市　海南市
大阪府（8）	大阪市　堺市　高石市　泉大津市　岸和田市　泉佐野市　泉南市　阪南市
香川県（1）	高松市
愛媛県（1）	松山市
徳島県（1）	徳島市
高知県（1）	高知市
大分県（1）	大分市
宮崎県（1）	宮崎市

第5章
災害時の炊き出し準備
──アルファ化米の活用法──

1　ご飯を炊けない人が増えている──マニュアルと訓練を

　災害時、電気、ガス、水道が止まった場合「簡易コンロと鍋」でご飯を炊くことになります。電気炊飯器のように目盛りがなく、火力の調整も必要ですが、そのような状況でご飯を炊ける人はどれだけいるでしょうか？

　2013年に全国無洗米協会が日本災害食学会で発表した調査内容（2013年7月調査、20代〜50代各100人計400人）は、興味深いものでした。「電気炊飯器ではなく、鍋とコンロでご飯を炊くことができますか」という質問に対して、「はい」と答えた人は50代で33％、年齢とともに少なくなり、20代ではわずか12％でした。これでは、災害時にご飯を炊くことは相当難しいと推察されます。できれば日頃から家庭で鍋とコンロを使って、ご飯を炊く練習をしておきましょう。

第5章　災害時の炊き出し準備

2　手ぶらはおかしい避難訓練

　遠足に出かけるとき自分の弁当は自分で用意して持っていく文化が定着していますが、なぜ避難訓練には何も持たずに手ぶらで出かけるのでしょうか。おかしいと思いませんか。各自が持ち寄った米を実際に炊いてみる。これがまさに避難訓練ではないでしょうか。そうすることで初めてご飯を炊くということが現実味を帯びてきて、さまざまな準備不足や課題が見えてきます。

　岩手県のある栄養士さんはリポートに、「被災直後は食材が手に入らなかった」と記しています（「そのとき被災地は―栄養士が支えた命の食―」岩手県栄養士会）。被災者に温かいご飯を食べさせてあげたいという思いが実現しにくかったのは、肝心の米がなかなか入手できなかったからです。米ばかりではなく、「米・水・釜・かまど・燃料」の5点セットがないと残念ながらご飯は炊けません。避難所にはそれらの備蓄が必要です。ご飯を炊いた経験がないといざというとき右往左往するので、いまから訓練しておき、誰もがご飯を炊けるようにしたいものです。

3　釜でご飯を炊き、おにぎりをつくる訓練をしよう

　避難所にはお腹を空かせた人々が集まってきます。仮に700人位だとしましょう。1人おにぎり1個として700個必要です。米100gを炊くとご飯は米の2倍の200gになり、大きめのおにぎりが1個

3 釜でご飯を炊き、おにぎりをつくる訓練をしよう

写真5-1 米100gを炊くと、テニスボールの1.5倍の大きさのおにぎりが1個できる

表5-1 米の量とできるおにぎりの個数

米（kg）	ご飯の炊きあがり量（kg）	おにぎりの個数（1人分1個＝200g）
1	2	10
2	4	20
7.5（5升）	15	75
12	24	120
100	200	1000

できます（写真5-1）。避難所に5升（7.5kg）炊きの釜とLPガスが備蓄してあるとしましょう。これを使って、米の量とできるおにぎりの個数（表5-1）を考えて、早速ご飯を炊くことにします。

米と水を計量し、米を洗います。米と水の分量（表5-2）は間違いやすいので注意します。ふだんは電気炊飯器がすべてやってくれますが、忘れそうなのが米の浸漬です。米は乾燥しているので、夏は30分、冬は1時間程度、炊く前に水に浸けておきます。水量は

第 5 章　災害時の炊き出し準備

表5-2　米と水の分量

	米：水の比率	米	水
湯炊き法	重量比 1：1.3	7.5kg（5升）	約9.8リットル
水から炊く場合 （普通の方法）	重量比 1：1.5	2kg	重量比3リットル（3kg）
	容量比 1：1.2		容量比2.4リットル

表5-3　ご飯の湯炊き法

準備	1　釜の点検・かまどの設置 2　米と水の計量（表5-2参照） 3　米を洗う 4　米の浸漬と水切り（夏30分、冬1時間程度。その後ザルで水を切る）
炊飯	1　かまどに釜をセットし計量した水を入れる。ふたをし、点火する 2　水が沸騰したら浸漬・水切りした米を一気に入れふたをする 3　5分したら加熱むらができないように木のしゃもじ（手に熱が伝わらないもの、束ねた菜箸、大きめのすりこ木など）でかき混ぜ、再度ふたをし加熱を続ける 4　噴きこぼれそうになったら、火力を弱める
蒸らす	1　水がない状態になったら火を止める 2　蒸らす（米5升の場合約15～20分程度）
おにぎりを作る	

　洗った米が浸かる程度で充分です。その後、米をザルにあげて水を切ります。無洗米の場合も同じように浸漬します。

　5升もの大量のご飯を炊くときは、普通の炊き方ではなく「湯炊き法」（表5-3）で炊きます。先に計った水を釜に入れてふたをして、沸騰したら米を一気に入れて炊く方法です。加熱が均一で、炊きむらがなくおいしくできあがります。

炊きあがったご飯を清潔に握る極意を東日本大震災の記録から学びました。茶碗や大きめの湯のみを並べ、内側に少し大きめのラップを敷き、そこにご飯を入れて押し込み、ラップの四隅を集めて手に取り握ります。塩味をつけたい場合は米の0.5％程度の塩を入れて炊くと、ご飯を炊いた後で塩をつけるよりも、均一にほどよい塩味のおにぎりができます。これらは岩手県宮古市で実際におこなわれた栄養士さんたちの知恵です。塩味のほか、ふりかけもおにぎりの味付けにおおいに役立ったようです。

4　災害時に欠かせない"ご飯を炊く"食文化

　ご飯を炊くうえで大切なことがまだあります。ご飯を炊くときは、周囲の状況や空気を読んで、安全を確かめてから取りかかりましょう。発災直後は、炊き出しが不可能な環境になっている場合があるからです（表5-4）。
　阪神・淡路大震災、東日本大震災では、ガス、水道が回復するまでに長期間かかりました。その間、自衛隊をはじめNPO、NGO、ボランティアがご飯を炊いて避難所の食事を支えました。被災者は、温かいご飯とおかずというパターンの食事様式を強く望んでいたからです。これほど加工食品が氾濫していても、災害時に温かいご飯が食べたいという食文化は避けて通れないことを再認識しました。この現実を直視し、自助（個人）・共助（地域住民）・公助（自治体）がともに力を合わせて、ご飯を炊くことに本気で取り組む必要があるでしょう。

第5章　災害時の炊き出し準備

表5-4　炊き出しが不可能な周辺環境の一例

- 災害が地震であった場合、発生直後は比較的余震が多発し、地割れや火災が発生しやすいので避ける。
- 発災直後72時間は人命救助を優先する。人手が集まりにくい場合は避ける。
- 津波などによる崩壊物や、浸水のため安全が保てない場合は避ける。
- 発災直後は衛生状態が不良なため、感染症が発生しやすい。衛生状態の確保が確認できない場合は避ける。
- 水道がストップした状態では手洗いができない。手洗いの水が準備されるまでは炊事を避ける。衛生状態が安定してから取りかかる。
- 強風、竜巻の発生が予測されているときは避ける。

5　こうすれば救援物資のアルファ化米は役立つ

　首都直下地震および南海トラフ巨大地震が発生したとき、食料の不足はそれぞれ3,400万食および3,000万食、飲料水の不足はそれぞれ1,700万Lおよび4,800万Lと推定されています（内閣府2013年5月）。食料と飲料水の備蓄は、はたしてどのくらい進んでいるのでしょうか。

　南海トラフ巨大地震が想定される11府県45市の危機管理担当者に電話取材して備蓄状況を調べた結果（2013年4月）、備蓄食料に占めるアルファ化米の割合は約5割でした（64頁、図4-1参照）。

　熊本地震（2016年4月14日）では発災直後、避難所で「食べるものがない！」の大合唱になっていました。熊本県および相互応援協定を結んでいる近隣県に備蓄されていたアルファ化米は有効に使われたでしょうか。有効に使えていなかったとしたら、その原因はいくつかあると思われます。

5　こうすれば救援物資のアルファ化米は役立つ

- アルファ化米と水は一緒に梱包され避難所に届くわけではなく別々に届く。すると、水は飲み水として使用され、アルファ化米を戻すための水が入手できないという苦境に立たされる。
- アルファ化米の「白飯」を戻すにはアルファ化米の重量の1.7倍、「かゆ」では重量の5.25倍の水分が必要だということがあまり認識されていない。
- アルファ化米を戻すには「飲料水・水でないとダメ」という固定観念がまかり通っている。

　もし「アルファ化米は身近な飲料や加工食品を使っても戻せる」と発想を変えれば、アルファ化米をより有効利用でき、食料不足を回避できるのではないでしょうか。

　アルファ化米は、発災後の時系列のすべてのステップで役立ちます。①発災直後の非常持ち出し袋、②中間期（約1週間後〜）ともに利用でき、③炊き出し期（約1カ月後〜）は精白米の代わりにアルファ化米を湯炊き法で炊飯すれば、洗米不要かつ加熱時間も短縮できます。室温で戻せますから、帰宅困難者が歩きながら背負ったリュックのなかで両者を合体させればいつの間にか背中でご飯ができますし、お腹の足しになるのと同時に水分がとれて一石二鳥です。

　そこで、食料を無駄にしないためにも、「アルファ化米は水以外の飲食物でも戻せる」という仮説をたて、次のように検証しました。

　戻す飲食物によっては「奇想天外！　どうなんだろう!?」と怪しまれそうですが、日本の食文化の歴史からみればそれほど奇異なことではなく、『日本料理大全』によると、ご飯には甘い味の食材、酢などの多様な調味料が合うことがわかります。「茶飯」では「う

第5章　災害時の炊き出し準備

表5-5 さまざまな味わいのご飯の例

味	食材	ご飯
甘味（砂糖）	さつまいも	さつまいもご飯
	くり	くりご飯
	ゆり根	ゆり根ご飯
	たまごやき	握りずし
	あずき	おはぎ
	きなこ	おはぎ
	あずき、ドライフルーツ	八宝飯
甘辛味（砂糖・醤油）	うなぎ	うな重
	たれ	みたらし団子
塩・醤油	白魚	白魚ご飯
	あずき	赤飯（赤色）
	ほうじ茶	茶飯（茶色）
	しそ	しそ飯
塩・砂糖・酢	すし酢	すし飯
苦味・うま味	緑茶	茶飯（黄色）
	うこぎ	うこぎご飯（緑色）

※石井治兵衛著『日本料理大全』（第一出版、1965年）をもとに奥田作成

ま味、苦味、渋味」が加わる例もあります（表5-5）。

〈検証方法〉

　アルファ化米：「白飯」（1袋100ｇ）と「白かゆ」（1袋40ｇ）（アルファー食品㈱「安心米」使用、賞味期限5年）、米：兵庫県産精白米・こしひかり無洗米を使用。

　官能評価は生活科学を専門とする筆者が以下の基準でおこなった後、スタッフ1名が確認し、「◎：良好　△やや難　×不適当」の

5 こうすれば救援物資のアルファ化米は役立つ

表5-6　実験方法

アルファ化米「白飯」	市販の飲料で戻す	14種類	3つの方法：①室温（9.9℃）30分間放置、②加熱液（90℃）30分間放置、③電気炊飯器（*）
	市販の加工食品で戻す	14種類	室温（22℃）30分間放置
	市販の加工食品を加え、ハイゼックス法で戻す	9種類	ハイゼックスの袋に入れ沸騰水中で13分間加熱
	水を使い電気炊飯器で炊く		湯炊き、常法（水から）、無洗米（対照）。加水量200ml
アルファ化米「白かゆ」	市販の加工食品で戻す	8種類	室温（21℃）40分間放置

＊炊飯器に水、アルファ化米の順に入れかきまぜて、「浸けおき」せずにすぐにスイッチを入れる。

3段階で評価しました。

　その結果、各飲料、加工食品で戻すと、これらの食品がもつ独特の風味——香り、味（酸味、甘味、うま味、苦味、渋味など）、色などが付加価値として加わり、おいしいご飯および「かゆ」に変身しました。従来通りに水で戻すとおかずが欲しくなりますが、一部を除いておかずなしで食べることができました。特に、野菜ジュースは野菜不足を補う点で栄養的付加価値が高く、自治体でも利用を推奨したいものです。

　以下、各実験の詳細結果をまとめます。

(1) アルファ化米「白飯」に市販の飲料14種類を加え3方法で戻す

　「室温（9.9℃）」「加熱液」「電気炊飯器」の3方法で戻した各種ご飯の外観、官能評価はほぼ同じ結果となったので、室温で戻した場合の結果を写真5-2と表5-7に示しました。

第5章 災害時の炊き出し準備

表5-7 アルファ化米「白飯」に各種飲料を注ぎ室温で戻した場合の官能評価と概評

	飲料	用いた液量ml	評価	官能評価の概評
茶類	烏龍茶（ペットボトル）	170	◎	・香ばしい　・烏龍茶の香りがよい　・おいしい　・色は麦茶より赤みがさす
	緑茶（ペットボトル）	170	◎	・茶の香りがよい　・茶のうま味が加わる　・色はやや黄色　・日本の味
	麦茶（ペットボトル）	170	◎	・茶の香りがよい　・茶のうま味が加わる　・麦茶の香りが食欲をそそる　・肌色　・味がなじむ　・おいしい
	コーヒー（缶）	180	◎	・コーヒーの香りがする　・おいしい
	ミルクティ（缶）	180	◎	・芳ばしい味と匂い　・リッチな気分になる・おいしい・子供向き
濃縮ジュース	野菜ジュース（ペットボトル）	180	◎	・トマトの香りがよい　・味に深みがある　・健康志向1本は野菜350ｇに相当　・健康になった気がする　・トマト味になじむ　・酸味がよい
	野菜ジュース（缶）	180	◎	・にんじんやトマトの匂いが食欲をそそる　・味に深みがありおいしい　・色が3.5年の商品より明るい　・おいしい　・健康志向　・野菜350ｇに相当するので野菜を食べた気分　・後味が爽やか
	青汁（缶）	180	△	・野草のにおいがする　・味にアクセントがないのでさびしい　・パッとしない　・ごま塩が必要
フルーツジュース	果汁100％アップルジュース（缶）	180	◎	・上品な甘味　・香りがよい　・おいしい
	果汁100％パイナップルジュース（缶）	180	△	・舌に重い味、えぐ味？が残る　・香りがよい
	果汁100％ぶどうジュース（缶）	180	◎	・香りがよい　・香りが強い　・少々甘い　・ブドウ畑が連想される　・紫の色が美しい　・おいしい
炭酸飲料	コーラ（缶）	180	△	・コーラの味がする　・コーラの匂いが微かに残る　・ほんのり甘い　・面白い味　・若者向き
	レモン系炭酸飲料（缶）	180	◎	・レモンの香り　・心地よい甘味　・おいしい
	オレンジ系炭酸飲料（缶）	180	◎	・心地よい甘味　・オレンジの味　・おいしい

5　こうすれば救援物資のアルファ化米は役立つ

写真5-2　アルファ化米「白飯」に各種飲料を注ぎ室温で戻した場合の外観

　3方法とも青汁、パイナップルジュース、コーラを除き、飲料の持つ独特の風味——香り、味、色などが加わり付加価値のあるご飯として好ましい評価でした。おかずがなくても利用できます。特に野菜ジュースは災害時の野菜不足を補う意味での付加価値が期待されました。

(2) アルファ化米「白飯」に市販の加工食品等14種類を加え室温で戻す

　災害時にはライフラインの停止、台所の散乱、手洗いが不十分な状態になり、料理は困難です。生ものは衛生面で食中毒発生の危険が伴うため、ご飯だけでおかずがないという状態が被災者を悩ませます。そこでアルファ化米「白飯」におかず的な味のついた加工食品や各種飲料を加えて戻し、おかずがなくても何とかしのげる方法

89

第 5 章　災害時の炊き出し準備

表5-8　アルファ化米「白飯」に各種加工食品を加え室温で戻した場合の官能評価

	食品	商品内容量	加水量ml	液量ml（＊水）	評価
スープ類	味噌汁（缶）	160 g	20	180	◎
	オニオンスープ（缶）	305 g のうち90 g 使用	90	180	◎
	お吸い物（顆粒）	1袋3 g 入り	180	180＊	◎
	ウインナーと野菜のスープ煮（缶）	160 g のうち汁は65ml	115	180	◎
	コーンスープ（缶）	190 g のうち90 g 使用	90	180	×
	無調整豆乳（紙パック）	200ml	0	180	◎
各種飲料	乳酸菌飲料（ペットボトル）	500ml	0	180	◎
	栄養ドリンク系炭酸飲料（缶）	160ml	20	180	◎
	甘酒（缶）	190ml	180	180	◎
	柑橘系酎ハイ（缶）	350ml	0	180	×
ご飯用	小豆水煮（缶）	230ml	60	180	◎
	黒酢（紙パック）	125ml	55	180	◎
	塩昆布佃煮	33 g のうち3 g 使用	180	180＊	◎
	のりたまふりかけ	30 g のうち3 g 使用	180	180＊	◎

を検討しました（写真5-3、表5-8）。

　汁気を多く含む缶詰など11食品、顆粒2食品、塩こんぶの計14種類を加えました。すると発泡性の酎ハイ缶は苦味があり、コーン

5　こうすれば救援物資のアルファ化米は役立つ

と概評

官能評価の概評
・味噌が香ばしい　・塩味がちょうどよい　・相性がよい
・オニオンの味がよい　・スープの味が舌に残る
・さっぱりしている　・松茸のよい香り
・栄養満点・野菜が多い　・健康によい　・味もよい
・戻りが悪い　・水分がたりない　・液量を多くするとよいのではないか
・よく戻っている　・健康的な味　・色がおいしそう
・爽やかな味　・おいしい
・リッチな味・炭酸味　・薄黄色
・甘酒のふくよかな味　・おいしい　・甘酒の香味がよい
・苦い　・まずい
＊液体120ｇ固形分100ｇあずき30ｇ使用　・おいしい　・小豆の香りがよい
・すし飯の味　・すし用に使える　・色は白い　・香ばしい
・昆布がやわらかい　・醤油の味　・薄い醤油色でおいしい
・ゴマが香ばしい　・のりたまがよい味付けになっている

　　スープ缶は粘度が高いためご飯が戻りにくく不適合でした。その他はご飯の風味が強められ、おかずなしでもおいしく食べられる個性的な味わいでした。具だくさんのスープ類はウインナー、コーン、にんじん、およびグリンピースなどが多く用いられ健康志向にかな

第5章　災害時の炊き出し準備

写真5-3　アルファ化米「白飯」に各種加工食品を加え室温で戻した場合の外観

うものでした。汁以外の具材（食品）を別個に取り出して計量すると約95ｇでした。自分の好みの加工食品を選びましょう。加える水の使用も少なくて済み重宝します。

(3) アルファ化米「白かゆ」に市販の加工食品等8種類を加え室温で戻す

「かゆ」は主に高齢者や乳幼児向けに備蓄されるので、「かゆ」に合うやわらかい食感、舌や歯茎で潰せるカレー、スープなど流動食に似た感触を持つ加工食品を選びました。粉末状の食品はそのままふり入れ、液体状の食品は袋に流し入れました。「かゆ」は塩味がないと食べにくいので、食塩を含んでいておかずがなくてもおいしく食べられる食品も意図的に選びました。

5 こうすれば救援物資のアルファ化米は役立つ

 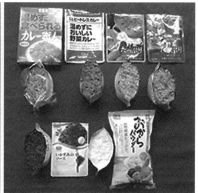

写真5-4 アルファ化米「白かゆ」に各種加工食品を加え室温で戻した場合の外観

　水気を多く含む加工食品4種類、粉末4種類を用いて、アルファ化米の「白かゆ」を室温（22℃）で40分間戻しました（写真5-4、表5-9）。

　いずれも、加えた食品のもつ固有の風味が「かゆ」の味わいに再現されて、適合性があることを認めました。おからを除くすべては味があり、「かゆ」の香味を引き立てていました。食塩がない食品でも甘味、酸味などの味があれば十分おいしいことが判明しました。

　たとえば、水で戻した「かゆ」はおかずなしでは食べにくいのですが、麦茶で戻した「かゆ」はおいしく食べられました。本研究で用いた身近な食品は、単純な「かゆ」の味に香味を補強しました（牛乳、ココナツミルク、乳酸菌飲料）。おかずの役割を果たす食品（カレー、スープ、スープの素、野菜ジュース、もずく、いかすみ）で

第5章　災害時の炊き出し準備

表5-9　アルファ化米「白かゆ」に各種加工食品を加え室温で戻した場合の官能評

種類	食品	商品内容量	加水量ml	用いた全体の液量ml	評価
液体状	麦茶	600ml	0	210	◎
	もずくスープ（顆粒）	160g 顆粒状 160ml入れるよう指示有	210	210	◎
	鶏肉風味ぞうすい（顆粒）	9g入り3袋顆粒状 250ml入れるよう指示有	210	210	◎
	乳酸菌飲料	80ml　3本入り	0	210	◎
	しょうが湯（粉末）	5袋入り　1袋18g	180	210	◎
	ココナツミルクペースト	28g	210	210	◎
	野菜ジュース（缶）	180g	30	210	◎
	牛乳	200ml	10	210	◎
おかず	カレー（レトルト）	180g	30	210	◎
	野菜カレー（レトルト）	200g	10	210	◎
	野菜たっぷりかぼちゃのスープ（レトルト）	160g	50	210	◎
	野菜たっぷりトマトのスープ（レトルト）	160g	50	210	◎
	いかすみソース（レトルト）	130g	80	210	◎
	おからのパウダー（乾燥粉末）	パウダー20g	210	210	×

は、「かゆ」のおいしさを高め、栄養面でも大いにプラス効果を発揮しました。災害時は野菜、食物繊維などが不足し健康被害が広がりやすいので、このような食品は健康維持のために極めて有効であるといえます。

5 こうすればアルファ化米は役立つ

価と概評

官能評価の概評
・さっぱりした麦茶の味わい　・香りがよい　・茶の渋みが和の風味
・醤油味でシイタケの香りがよい　・塩味もちょうどよい
・よい味加減でおいしい　・旨みも十分している　・おじや風
・マイルドな味でさっぱりしている　・果物の味がする　・甘酸っぱい　・食欲がわく
・さっぱりしていておいしい　・しょうがの味と甘味あり　・さっぱりしている
・ココナツの味と香りがよい　・味もしっかりしていてまろやかでおいしい
・野菜のうまみがあり香りがよい　・健康になった充実感がある　・色が美しい　・甘味と酸味が食欲をそそりおいしい
・牛乳のくせがなく濃厚なうまみがする　・おいしい　・リッチな味
・味がしっかりしていておいしい　・植物性の脂を使っているので口当たりがなめらかでよい
・辛口でカレー好きの人にはよい　・口に油が粘つかない
・5種類の野菜が濃厚で深みのある味を出していておいしい　・かゆと相性がとくによい
・5種類の野菜の味と豆などコクのある味わいでおいしい　・トマトの酸味がさわやか
・原料にバターを使用しているので口当たりが悪いかと思ったがおいしい　・変化をつけるのにはきわめて有効
・舌にざらつく　・塩味がないのでふりかけなどを併用するとよい

　また、「かゆ」の戻りがよいことに注目しました。いずれの「かゆ」も、舌、歯茎を使って充分飲み込めるやわらかさでした。加えた食品もすべて同様に飲み込め、避難生活で「かゆ」が非常に有効であると推察されます。日頃から個々人の好みにあう食品で試しな

がら、災害時に備え身近に置いておくといいでしょう。
　すでにアルファ化米を備蓄済みの自治体・法人においては、「アルファ化米のかゆ」も備蓄するように望みます。戻りが早く、やわらかく、水分が多く取れるからです。

(4) アルファ化米「白飯」に市販の加工食品9種類を加えハイゼックス法で加熱

　ハイゼックス法とは、「ハイゼックス」という耐熱性の高密度ポリエチレン袋を用いて炊飯する方法です。市販されている袋に米と水を入れ余分な空気を除いた後、口を縛り沸騰水中で間接加熱します。

〈方法〉

① アルファ化米「白飯」1袋100gと身近な9種類の食品をハイゼックス袋（大和重工KK製）に入れる。液量は180mLとし、加工品の溶液を利用した。粘度の高い、固形分の多い食品の場合は液量を多くした（野菜ジュース200mL、五目ご飯210mL、ドライカレー200mL）。

② 即席カップ麺は、カップの線まで熱湯（260mL）を加えると麺を食べ終わった後に残液120mLと具の一部がカップに残るので再利用した[※]。不足分60mLの水を補充し180mLとして利用した。

③ 具材料を加える場合、アルファ化米100gに見合う適量を加え撹拌（かくはん）した。

④ 袋の空白部分の空気を絞りだして外へ逃した後、開口部を縛り、大きめの鍋の沸騰水中で13分間袋ごと加熱した。熱湯は蒸発分を

5 こうすれば救援物資のアルファ化米は役立つ

写真5-5　アルファ化米「白飯」に加工食品を加えハイゼックス法で加熱した場合の外観

見込み多めにする。用いた加工食品と出来上がりの外観、官能評価の概要を示した（写真5-5、表5-10）。

※東日本大震災ではカップ麺を食べた後の汁の廃棄場所がないため処理に困った。そこで飲み干すように指導され、被災者の塩分の過剰摂取が問題になった。

9種類の加工食品はアルファ化米「白飯」のすべての風味を向上させ、以下のような特徴・結果を示しました。
- 調理時間が短縮できる。100gのアルファ化米におかず的な加工食品を加えることで、できあがりが約300g（おにぎり3個分）になった。わずか13分間で完了し、熱源・水の節約が可能で、洗い物も不要であった。

第5章　災害時の炊き出し準備

表5-10　アルファ化米「白飯」に加工食品を加えハイゼックス法で加熱した場合

食品	商品内容量	加水量ml	用いた全液量ml	食塩g 包装単位当たり
五目炊き込みごはんの素（レトルト）	具：194g　だし：78g 米3合用　全量の23％使用	174	210	2.6
野菜ジュース（缶）	長期保存用野菜350g使用	20	200	0.02
ドライカレー洋風まぜご飯の素（レトルト）	1袋2人用を使用	180	200	3.8
つぼ漬け	90g入りのうち20g使用22％	180	180	0.78
塩昆布佃煮	1袋33g入り10g使用	180	180	1.68
こんぶ豆	北海道産大豆100％ 150g入り　70g使用	180	180	0.63
カップラーメン	汁340ml中90ml食べ残しの汁を使用	90	180	0.46
ひじきドライパック＋コーン＋ちりめんじゃこ	ひじき50g入り20g使用 コーン55g入り20g使用　各汁有	130	180	0.3
桜エビのおこわ	桜えびのもと50gのうち25g　汁有 グリンピースの具6gのうち3g使用	115	130	1.85

- 衛生面で食中毒を回避できる。
- 生鮮食品を使う場合は、あらかじめ茹でる、煮る、調味料を計るなどの手間や道具が必要になる。
- 袋に入れて個別に加熱できるので、多様な被災者（アレルギー、病弱者、乳幼児、嚥下困難者など）に個別対応が可能である。
- 栄養の充足が得られる。今回は野菜、豆、海藻など健康保持に効果的な加工食品を用いたが、嗜好面で安らぎを得たい場合は、アルファ化米の「もち米」「おこわシリーズ」などを用いるとよい。

発災後に考えるのではなく、発災前に自分好みの食品利用の方法

5　こうすれば救援物資のアルファ化米は役立つ

の官能評価と概評

評価	官能評価の概評
◎	・3合用なので中身を分けるのに手間取ったが、10種類の具が味わい深い　・おいしい ・味付けもよい
◎	・野菜が350g入っていて充実したおいしさ　・酸味と甘味がおいしい　・色がよい
◎	・カレー粉の香りが食欲をそそる　・香味に深みがありおいしい
◎	・おいしい　・パリパリ感が残っていた　・うま味も加わり味がよい
◎	・減塩なので塩味は薄く味わい深い　・うま味がでていた
◎	・煮豆の味わいがおいしい　・多めに入れたのでおかずになる
◎	・食べたあとカップに残った汁と底に沈んだ具の一部に水を補足した　・充分おいしい
◎	・味のない素材パック2種類と生鮮ちりめんじゃこで戻した　・もっちりして変化があった
◎	・もち米の香りがしておいしい　・エビの赤とグリンピースの緑がおしゃれでごちそう ・災害時の情けなさが吹っ飛ぶ　・幸せ度が高い

を発案し、日頃から練習しておくことが望まれます。

　また、ハイゼックス法は発災直後ではなく、ステップ2、3の時期（約1週間後〜）、炊き出し期に適しています。アルファ化米を米の代わりに炊飯用として利用すれば、洗米不要、簡潔で調理性に優れています。

(5) アルファ化米「白飯」を電気炊飯器で炊く

　災害時に炊き出しをする場合、大釜、水、燃料があるにもかかわらず肝心の米がないという事態が東日本大震災で見られました。その対応策として救援物資のアルファ化米を精白米の代わりに炊き出

第5章　災害時の炊き出し準備

しに使えば、避難所、家庭ともに主食の確保に役立つでしょう。

ここでは、アルファ化米を電気炊飯器で炊き、温かいご飯を提供する具体的な方法を検討しました。また、比較対照として精白米（無洗米）も用いました。

〈方法〉

①アルファ化米「白飯」7袋700ｇに1190mLの水（アルファ化米の重量の170％）、対照の精白米は無洗米（岡山産こしひかり）700ｇに1050mLの水（米重量の150％）を使用。水温は20℃。

②アルファ化米は次の２方法で加熱した。
　（Ａ）　水から加熱：電気炊飯器に水、アルファ化米700ｇの順に入れ、しゃもじでかき混ぜスイッチを入れる。
　（Ｂ）　湯炊き法：電気炊飯器に所定の水を入れ沸騰させ、沸騰と同時に直ちにアルファ化米を一気に入れ、しゃもじでかき混ぜる。

③対照として無洗米を、②（Ａ）の方法で加熱する。

炊飯中の釜の内部温度の変化を比較しました（図5-1）。初期段階20分までは無洗米が最も温度が低くアルファ化米の方が高いですが、20分以降は水から炊いたアルファ化米は温度上昇が緩慢なのに対して、湯炊き法と無洗米はほぼ同じ温度上昇をしています。アルファ化米を水から炊き始める方法は、後半で温度が上がりにくく加熱時間も長い。アルファ化米の湯炊き法は、無洗米に比べて11分も早くできあがりました。これは蒸らし時間に相当し、時間、熱ともに効率が高いといえます。アルファ化米は加工工程ですでにでんぷ

5 こうすれば救援物資のアルファ化米は役立つ

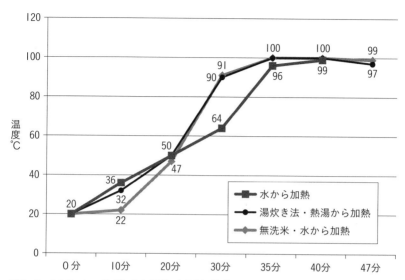

図5-1 アルファ化米「白飯」を電気炊飯器で炊いた場合の釜の内部温度の比較

んのアルファ化が進んでいるので当然とはいえ、かなり炊飯時間が短いことがわかります。

炊きあがったご飯の官能評価を表5-11に示しました。アルファ化米「白飯」のご飯の戻りやすさ、釜の中の部位別のご飯のかたさ、おいしさ、色つや、粒の大きさなどは対照の無洗米とほぼ同じ結果でした。

しかし、アルファ化米を水から加熱した場合、加熱20分でアルファ化米はすでに吸水を終えご飯の状態になり、5合の目盛りまで膨潤（米が膨らみ容量が増した状態）していましたが、内部温度は40℃前後であり、米はまだ十分戻っておらずかたい状態でした。

第5章 災害時の炊き出し準備

表5-11 アルファ化米「白飯」を電気炊飯器で炊いた場合のご飯の官能評価

湯炊き法は水が沸騰した時点でアルファ化米を加える

	アルファ化米「白飯」		無洗米
	水から加熱	湯炊き法・熱湯から加熱	水から加熱
初期重量　g	700	700	700
加水量　ml	1,190	1,190	1,050
加水量　％	170	170	150
初期総重量　g	1,890	1,890	1,750
できあがり重量　g	1,890	1,820	1,740
通電時間　分	52	46	57
おいしさ	▲	◎	◎

▲ おいしさが劣る　◎ 非常においしい

　アルファ化米を水から加熱すると、米が水を吸収し加熱中の温度上昇が阻害され、加熱時間が長引き官能評価も劣ります。湯炊き法は、精白米のご飯と同じおいしさのご飯ができあがり、炊飯時間が短縮され燃料の節約ができます。

　したがって、2人分以上のアルファ化米を精白米の代用として使用する場合は、水から加熱するのではなく、湯炊き法による炊飯が望ましいといえます。

　以上、災害時にアルファ化米を無駄にせず、よりおいしく食べるにはどうすればよいか、新しい発想の提案を試みました。各種飲料、加工食品などをうまく利用すれば、アルファ化米の「白飯」「かゆ」は発災直後から炊き出し期まですべてのステップでおいしく有効利用できることがわかりました。

5　こうすれば救援物資のアルファ化米は役立つ

　アルファ化米を用いて炊飯すれば、災害時の主食の困窮状態が回避でき、避難所、広場などでの公助・共助はもちろん、家庭での自助においても有効活用できるのです。

　アルファ化米製造者は、パッケージを5合炊き用、1升炊き用などの単位で包装し、精白米の代わりとして、「おいしい・早い・ストレス不要・癒しの未来志向新タイプの米」として販売してはどうでしょうか。家庭でローリングストックすれば日常でも充分利用でき、災害時につなげることができます。

　今回の試みのねらいは、災害時にアルファ化米が倉庫に山積みになっているにもかかわらず、食べ物がないと嘆いていたこれまでの被災体験を打開することです。「〇〇ができない」とただ嘆いているのではなく「〇〇ができる」方向を目指したいものです。

　この試みを被災者が実現し健康被害とストレスを軽減させるためには、まず自治体（行政）が飲料を飲料水に限定する思い込みと広報を改め、広範に飲料の利用を推進する施策をとることが今後一層望まれます。

おわりに

　私が阪神・淡路大震災（1995年1月17日）に遭遇したとき、"地震だ"という認識が全くなく、夜が明けてはじめて、これが地震なのかとそのすさまじさに驚きました。ここ一帯には地震は決して起きないと信じ込んでいたからです。同じことを熊本地震に遭遇した人々も思ったのではないでしょうか。
　そもそも日本列島は"ガラスの板の上で暮らしているようなもの"だと誰かが言っているのを聞いて、いつガラスが割れてもおかしくないと、ますます危機意識を高めています。

　その危機意識とは、
　1つめは、当時、神戸一帯にも断層があるということを全く知らなかった、誰も教えてくれなかったし、そのような書物にも出くわさなかったのを残念に思いました。大切な情報が封印され、どうでもよい情報が多すぎます。
　2つめは、ガラスの上に住んでいるということ、断層はそこかしこに在るということですから、災害食についてもっと真剣に考えなければいけないということです。
　3つめは、災害対応は自分ひとりで準備することは難しい面があります。災害に備えて近隣、自治会、行政などと関係をつくり、互いに相談や話し合いをすることが望ましい。「共に行うこと・実践」が求められています。

4つめは、いつでも、どこでも、だれとでも「危機意識」を共有することです。

　執筆を終えるに当たり、本書の出版をおすすめいただいた同時代社高井隆社長、編集の皆様に厚くお礼を申し上げます。見識ある皆様のご叱正とご鞭撻をお願いいたします。

災害食の備蓄に真剣に取り組んでくださることを願いながら

　2016年8月吉日

　　　　　　　　　　　　　　　　　　　　　　　　　奥田和子

参考文献

1) 内閣府中央防災会議．"２首都直下地震被害想定と対策について"．2013.12.
2) 内閣府中央防災会議．"南海トラフ巨大地震対策について（最終報告）"．2014.5.
3) 内閣府．"避難所における良好な生活環境の確保に向けた取組指針"．2015.8.
4) 農水省．備蓄ガイド．2014.2.
5) 青山貴洋．地域の食料安全保障．巻末表．青山大学大学院．2016.
6) 新潟大学地域連携フードサイエンスセンター編．災害時における食とその備蓄 奥田和子 炊き出し．p.57-67．建帛社．2014.
7) 石井治兵衛．日本料理大全．第一出版．1965.
8) 岩手県栄養士会．その時被災地は―栄養士が支えた命の食．2013.12.
9) 奥田和子．事業構想防災ガイド．６月号．災害食の選び方のポイントとコツ．事業構想大学院大学．p.94-97．2015.6.
10) 奥田和子．リスク対策com．VOL.50．７月号．アルファ化米をおいしく戻す．新建新聞社．p.48-49．2015.7.
11) 大和重工株式会社．パンフレット．
12) 奥田和子．広島市土砂災害における避難所の災害食の実態．災害食学会誌．VOL.２．No.１．2015.
13) 奥田和子．災害食とは何か―今後の課題と展望．災害食学会誌．VOL.１．No.１．2014.
14) 奥田和子．発想の転換でアルファ化米は水がなくても有効利用できる提案．2015.9．災害食学会．VOL.３．No.１．2016.
15) 岡田憲夫．ひとりから始める事起こしのすすめ 地域（マチ）復興のためのゼロからの挑戦と実践システム理論．関西学院大学出版部．2015.
16) 寺谷篤志、平塚伸治、鹿野和彦．「地方創生」から「地域経営」へ まちづくりに求められる思考のデザイン．仕事と暮らしの研究所出版．2015.

17) 岡田憲夫編著．地域経営まちづくり．日本・地域経営実践士協会．2013．
18) 寺谷篤志，平塚伸治．地域経営まちづくり　思考のデザイン編．日本・地域経営実践士協会．2013．
19) 奥田和子．東日本大震災からの学び―飲料水と食料の不足．Kewpie News．450号．キューピーKK．2011．8．
20) 奥田和子．缶詰時報．災害時の食を支える缶詰、レトルト食品なにが求められているか．VOL.91．No.12．2012．
21) 奥田和子．震災下の「食」―神戸からの提言．NHK出版．1996．
22) 奥田和子．働く人の災害食―神戸からの伝言．編集工房ノア　2008．
23) 奥田和子．新潟・中越地震が語る「震災下の食」―阪神・淡路大震災の教訓は生かされたか　前編．食の科学．No.327．後編．食の科学．No.327．2005．
24) 新潟大学地域連携フードサイエンス・センター編．これからの非常食・災害食に求められるもの．光琳．2006．
25) 奥田和子．新型インフルエンザ・パンデミックの食料と飲み物の備え．New Food Industry．VOL.50．No.7．2008．
26) 奥田和子．災害時の高齢者、乳幼児の健康危機管理と栄養士の役割．New Food Industry．VOL.51．No.8．2009．
27) 奥田和子．佐治義人．新型インフルエンザがやってくる！あなたもお手つだいしてね．福田印刷工業．2009．
28) 奥田和子、別府茂．新型インフルエンザ発生直後の食対応報告書．2009．10．
29) 奥田和子．全国防災まちづくりフォーラム貴重講演．災害・新型インフルエンザに備える『食』の知恵―家庭・対応現場．内閣府・浜松市主催．2009．8．23．
30) 山桑セツ子．被災地における健康と食生活．日本食生活学会誌．24．No.4．p.22．2014．
31) 奥田和子．ちば減災塾．基調講演．新型インフルエンザ流行時、大災害が襲来したら？　脅かされる食．2009．10．

32) 神戸市市民参画推進局市民生活部消費生活課. 新型インフルエンザ発生時における消費行動調査. 2009.9.28.
33) 奥田和子. 村井利彰. 特別対談 生きるため災害と食を考える. 東日本大震災. Ori Ori. 震災特別号. ニチレーKK. 2011.8.
34) 奥田和子. 和食ルネッサンス「ご飯」で健康になろう. 同時代社. 2011.
35) 寺田虎彦. 地震雑感／津波と人間. 中公文庫. 2011.
36) 吉村昭. 関東大震災. 文春文庫. 2011.
37) 小沢健志. 写真で見る関東大震災. ちくま文庫. 2003.
38) 北原糸子. 地震の社会史 安政大地震と民衆. 講談社学術文庫. 2000.
39) 東京都総務局総合防災部防災管理課編集発行. 「首都圏直下地震による東京の被害想定」. 2012.5.

著者略歴

奥田和子（おくだ・かずこ）

福岡県生まれ。広島大学教育学部卒業。学術博士。専門は食生活デザイン論。甲南女子大学名誉教授、NPO法人日本災害ボランティアネットワークNVNAD理事。日本災害食学会顧問。主な著書に、『現代食生活論』（講談社）、『震災下の食―神戸からの提言』（NHK出版）、『働く人の災害食』（編集工房ノア）、『和食ルネッサンス』『箸の作法』（以上、同時代社）など。

本気で取り組む災害食 個人備蓄のすすめと共助・公助のあり方

2016年9月1日　初版第1刷発行

著　者	奥田和子
発行者	高井　隆
発行所	株式会社同時代社
	〒101-0065　東京都千代田区西神田 2-7-6
	電話 03(3261)3149　FAX 03(3261)3237
装丁	クリエイティブ・コンセプト
組版	いりす
印刷	中央精版印刷株式会社

ISBN978-4-88683-802-5